Você e a Astrologia

AQUÁRIO

Bel-Adar

Você e a Astrologia

AQUÁRIO

*Para os nascidos de
21 de janeiro a 19 de fevereiro*

Editora
Pensamento
SÃO PAULO

Copyright edição brasileira © 1968 Editora Pensamento-Cultrix Ltda.

13ª edição 2012.

Todos os direitos reservados. Nenhuma parte desta obra pode ser reproduzida ou usada de qualquer forma ou por qualquer meio, eletrônico ou mecânico, inclusive fotocópias, gravações ou sistema de armazenamento em banco de dados, sem permissão por escrito, exceto nos casos de trechos curtos citados em resenhas críticas ou artigos de revistas.

A Editora Pensamento não se responsabiliza por eventuais mudanças ocorridas nos endereços convencionais ou eletrônicos citados neste livro.

Dados Internacionais de Catalogação na Publicação (CIP)
(Câmara Brasileira do Livro, SP, Brasil)

Bel-Adar
 Você e a astrologia : aquário : para os nascidos de 21 de janeiro a 19 de fevereiro / Bel-Adar. – São Paulo : Pensamento, 2009.

 12ª reimpr. da 1ª ed. de 1968.
 ISBN 978-85-315-0711-3

 1. Astrologia 2. Horóscopos I. Título.

 08-10907   CDD-133.5

Índices para catálogo sistemático:
1. Astrologia 133.5

Direitos reservados
EDITORA PENSAMENTO-CULTRIX LTDA.
Rua Dr. Mário Vicente, 368 — 04270-000 — São Paulo, SP
Fone: (11) 2066-9000 — Fax: (11) 2066-9008
E-mail: atendimento@editorapensamento.com.br
http://www.editorapensamento.com.br
Foi feito o depósito legal

ÍNDICE

Astrologia	7
O zodíaco	15
Aquário, o Aguadeiro	19
Natureza cósmica de Aquário	21

O elemento ar, 21. Vibração, 23. Polaridade, 24. Ritmo, 25. Manifestação da inteligência, 27. Figura simbólica, 28. Sol em Aquário, 28. Netuno em Aquário, 29. Mercúrio em Aquário, 30. Síntese cósmica, 30.

O aquariano	33

Como identificar um aquariano, 33. O homem do futuro, 34. A determinação, 35. O poder mental, 37. A mulher de Aquário, 39. O rebelde, 41. Amor e sacrifício, 43. Síntese, 45.

O destino	49

Evolução material, 51. Família, 53. Amor, 54. Filhos, 56. Vida social, 57. Finanças, 59. Saúde, 60. Amigos, 63. Inimigos, 64. Viagens, 65. Profissões, 66. Síntese, 68.

A CRIANÇA DE AQUÁRIO 71

O TRIÂNGULO DE AR 75

AS NOVE FACES DE AQUÁRIO 79
    Tipo Aquariano–Uraniano, 79. Tipo Aquariano–Mercuriano, 81. Tipo Aquariano–Venusiano, 84

AQUÁRIO E O ZODÍACO 87
    Aquário–Áries, 89. Aquário–Touro, 92. Aquário–Gêmeos, 95. Aquário–Câncer, 99. Aquário–Leão, 102. Aquário–Virgem, 106. Aquário–Libra, 109. Aquário–Escorpião, 112. Aquário–Sagitário, 116. Aquário–Capricórnio, 119. Aquário–Aquário, 123. Aquário–Peixes, 126.

URANO, O REGENTE DE AQUÁRIO 131
    O simbolismo das cores, 136. A magia das pedras e dos metais, 139. A mística das plantas e dos perfumes, 140.

URANO E OS SETE DIAS DA SEMANA 143
    Segunda-Feira, 143. Terça-Feira, 144. Quarta-Feira, 145. Quinta-Feira, 146. Sexta-Feira, 147. Sábado, 149. Domingo, 150.

MITOLOGIA 153
    Aquário, 153. Urano, 156

ASTRONOMIA 161
    A constelação de Aquário, 161. Urano, 162

ALGUNS AQUARIANOS FAMOSOS 167

ASTROLOGIA

Mergulhando no passado, em busca das origens da Astrologia, descobre-se que ela já existia, na Mesopotâmia, trinta séculos antes da Era Cristã. No século VI a.C., atingiu a Índia e a China. A Grécia recebeu-a em seu período helênico e transmitiu-a aos romanos e aos árabes. Caldeus e egípcios a praticaram; estes últimos, excelentes astrônomos e astrólogos, descobriram que a duração do ano era de 365 dias e um quarto e o dividiram em doze meses, de trinta dias cada, com mais cinco dias excedentes.

Foram os geniais gregos que aperfeiçoaram a Ciência Astrológica e, dois séculos antes da nossa era, levantavam horóscopos genetlíacos exatamente como os levantamos hoje. Criaram o zodíaco intelectual, com doze signos de trinta dias, ou trinta graus cada, e aos cinco dias restantes deram o nome de epagômenos. Delimitaram a faixa zodiacal celeste, sendo que os primeiros passos para isso foram dados pelo grande filósofo Anaximandro e por Cleostratus. Outro filósofo, de nome Eudoxos, ocupou-se de um processo chamado *catasterismo*, identificando as estrelas com os deuses. Plutão associou o Sol a um deus composto, Apolo–Hélios, e criou um sistema de teologia astral. Hiparcus, um dos maiores gregos de todos os tempos, foi apologista fervoroso do poder dos astros, e epicuristas e estóicos, que compunham as duas mais poderosas frentes filosóficas que o homem jamais conheceu, dividiam suas opiniões; enquanto os epicuristas rejeitavam a Astrologia, os estóicos a defendiam ardentemente e cultivavam a teoria da *simpatia universal*, ligando o pequeno mundo do homem, o microcosmo, ao grande mundo da natureza, o macrocosmo.

Os antigos romanos relutaram em aceitar a ciência dos astros, pois tinham seus próprios deuses e processos divinatórios. Cícero repeliu-a mas Nigidius Figulus, o homem mais culto de sua época, defendeu-a com ardor. Com o Império ela triunfou e César Augusto foi um dos seus principais adeptos. Com o domínio do cristianismo perdeu sua característica de conhecimento sagrado, para manter-se apenas como arte divinal, pois os cristãos opunham a vontade do Criador ao determinismo das estrelas. Esqueceram-se, talvez, que foi o Criador quem fez essas mesmas estrelas e, segundo o Gênese, cap. 1, vers. 14, ao criá-las, disse:

"...e que sejam elas para sinais e para tempos determinados..."

Nos tempos de Carlos Magno, a Astrologia se espalhou por toda a Europa. Mais tarde, os invasores árabes reforçaram a cultura européia e a Ciência Astronômica e Astrológica ao divulgarem duas obras de Ptolomeu, o Almagesto e o Tetrabiblos. Na Idade Média ela se manteve poderosa e nem mesmo o advento da Reforma conseguiu prejudicá-la, sendo que dois brilhantes astrônomos dessa época, Ticho Brahe e Kepler, eram, também, eminentes astrólogos.

Hoje a Ciência Astrológica é mundialmente conhecida e, embora negada por uns, tem o respeito da maioria. Inúmeros tratados, onde competentes intelectuais estabelecem bases racionais e milhares de livros, revistas e almanaques populares são publicados anualmente e exemplares são permutados entre todos os países. Gradualmente ela vem sendo despida de suas características de adivinhação e superstição, para ser considerada em seu justo e elevado valor, pois é um ramo de conhecimento tão respeitável quanto a Psicologia, a Psicanálise, a Psiquiatria ou a Parapsicologia, que estudam e classificam os fenômenos sem testes de laboratório e sem instrumentos de física, empregando, apenas, a análise e a observação.

Os cientistas de nossa avançada era astrofísica e espacial já descobriram que, quando há protuberâncias no equador solar ou explodem bolhas gigantescas em nosso astro central, aqui, na Terra, em conseqüência dessas bolhas e explosões, seres humanos sofrem ataques apopléticos ou são vitimados por embolias; isto acontece porque a Terra é bombardeada por uma violenta tempestade de elétrons e ondas curtas, da natureza dos Raios Roentgen, que emanam das crateras deixadas por essas convulsões solares e que causam, nos homens, perturbações que podem ser medidas por aparelhos de física e que provocam os espasmos arteriais, aumentando a mortalidade. Usando-se um microscópio eletrônico, pode-se ver a trajetória vertiginosa dos elétrons, atravessando o tecido nervoso de um ser humano; pode-se, também, interromper essa trajetória usando campos magnéticos. Raios cósmicos, provindos de desconhecidos pontos do Universo, viajando à velocidade de 300 000 quilômetros por segundo e tendo um comprimento de onda de um trilionésimo de milímetro, caem como chuva ininterrupta sobre a Terra, varando nossa atmosfera e atravessando paredes de concreto e de aço com a mesma facilidade com que penetram em nossa caixa craniana e atingem nosso cérebro. Observações provaram que a Lua influencia as marés, o fluxo menstrual das mulheres, o nascimento das crianças e animais, a germinação das plantas e provoca reações em determinados tipos de doentes mentais.

É difícil, portanto, admitir esses fatos e, ao mesmo tempo, negar que os astros possam emitir vibrações e criar campos magnéticos que agem sobre as criaturas humanas; é, também, difícil negar que a Astrologia tem meios para proporcionar o conhecimento do temperamento, caráter e conseqüente comportamento do homem, justamente baseando-se nos fenômenos cósmicos e nos efeitos magnéticos dos planetas e estrelas. Um cético poderá observar que está pronto a considerar que é possível classificar, com acerto, as criaturas dentro de doze signos astrológicos mas que acha absurdo prever o destino por meio dos astros. Objetamos, então, que o destino de uma pessoa resulta de uma série de fatores, sendo que os mais importantes, depois do seu caráter e temperamento, são o seu comportamento e as suas atitudes mentais. Pode-se, por conseguinte, com conhecimentos profundos da Astrologia, prever muitos acontecimentos, com a mesma base científica que tem o psiquiatra, que pode adivinhar o que acontecerá a um doente que tem mania de suicídio, se o deixarem a sós, em um momento de depressão, com uma arma carregada.

Muitos charlatães têm a vaga noção de que Sagitário é um cavalinho com tronco de homem e Capricórnio é um signo que tem o desenho engraçado de uma cabra com rabinho de peixe. Utilizando esse "profundo" conhecimento, fazem predições em revistas e jornais, com razoável êxito financeiro. Outros "astrólogos", mais alfabetizados, decoram as induções básicas dos planetas e dos signos e depois, entusiasmados, fazem horóscopos e previsões de acontecimentos que não se realizam: desse modo, colocam a Astrologia em descrédito, da mesma forma que seria ridícula a Astronáutica se muitos ignorantes se metessem a construir espaçonaves em seus quintais. Devem todos, pois, fugir desses mistificadores como fugiriam de alguém que dissesse ser médico sem antes ter feito os estudos necessários. Os horóscopos só devem ser levantados por quem tem conhecimento e capacidade e só devem ser acatadas publicações endossadas por nomes respeitáveis ou por organizações de reconhecido valor, que se imponham por uma tradição de seriedade e rigor.

A Astrologia não é um negócio, é uma Ciência; Ciência capaz de indicar as nossas reais possibilidades e acusar as falhas que nos impedem de realizar nossos desejos e os objetivos da nossa personalidade; capaz de nos ajudar na educação e orientação das crianças de modo a que sejam aproveitadas, ao máximo, as positivas induções do signo presente no momento natal; que pode apontar quais os pontos fracos do nosso corpo, auxiliando-nos a preservar a saúde; essa ciência nos mostrará as afinidades e hostilidades existentes entre os doze tipos zodiacais de modo que possamos ter felicidade no lar, prosperidade nos negócios, alegria com os amigos e relações harmônicas com todos os nossos semelhantes. As estrelas, enfim, nos desvendarão seus mistérios e nos ensinarão a solucionar os transcendentes problemas do homem e do seu destino, dando-nos a chave de ouro que abrirá as portas para uma vida feliz e harmônica, onde conheceremos mais vitórias do que derrotas.

Bel-Adar

O ZODÍACO

O zodíaco é uma zona circular cuja eclíptica ocupa o centro. É o caminho que o Sol parece percorrer em um ano e nela estão colocadas as constelações chamadas zodiacais que correspondem, astrologicamente, aos doze signos. O ano solar (astronômico) e intelectual (astrológico) tem início em 21 de março, quando o Sol atinge, aparentemente, o zero grau de Áries, no equinócio vernal, que corresponde, em nossa latitude, à entrada do outono. Atualmente, em virtude da precessão dos equinócios, os signos não correspondem à posição das constelações, somente havendo perfeita concordância entre uns e outros a cada 25 800 anos, o que não altera, em nada, a influência cósmica dos grupos estelares em relação ao zodíaco astrológico.

Em Astrologia, o círculo zodiacal tem 360 graus e está dividido em doze Casas iguais, de 30 graus cada. Não há, historicamente, certeza de sua origem. Nos monumentos antigos da Índia e do Egito foram encontrados vários zodíacos, sendo os mais célebres o de

Denderah e os dos templos de Esné e Palmira. Provavelmente a Babilônia foi seu berço e tudo indica que as figuras que o compunham, primitivamente, foram elaboradas com os desenhos das estrelas que compõem as constelações, associados a certos traços que formam o substrato dos alfabetos assírio-babilônicos.

Cosmicamente, o zodíaco representa o homem arquetípico, contendo: o binário masculino-feminino, constituído pela polaridade *positivo-negativa* dos signos; o ternário rítmico da dinâmica universal, ou seja, os ritmos *cardinal, fixo* e *mutável*; o quaternário, que representa os dois aspectos da matéria, cinético e estático, que se traduzem por *calor e frio — umidade e secura*. Este quaternário é encontrado nas forças fundamentais — radiante, expansiva, fluente e coesiva — e em seus quatro estados de materialização elementar: *fogo, ar, água* e *terra*.

Na Cabala vemos que Kjokmah, o segundo dos três principais Sephirot, cujo nome divino é Jehovah, tem como símbolo a *linha*, e seu Chakra mundano, ou representação material, é Mazloth, o Zodíaco. Também a Cabala nos ensina que Kether, o primeiro e supremo Sephirahm cujo Chakra mundano é "Primeiro Movimento", tem, entre outros, o seguinte título, segundo o texto yetzirático: *Ponto Primordial*. Segundo a definição euclidiana, o ponto tem posição, mas não possui dimensão; estendendo-se, porém, que ele produz a linha. Kether, portanto, é o Ponto Primordial, o princípio de todas as coisas, a fonte de energia não manifestada, que se estende e se materializa em Mazloth, o Zodíaco, cabalisticamente chamado de "O Grande Estimulador do Universo" e misticamente considerado como Adam Kadmon, o primeiro homem.

Pode-se, então, reconhecer a profunda e transcendente importância da Astrologia quando vemos no Zodíaco o Adam Kadmon, o homem arquetípico, que se alimenta espiritualmente através do cordão umbilical que o une ao logos e que está harmonicamente adaptado ao equilíbrio universal pelas leis de Polaridade e Ritmo expressas nos doze signos.

AQUÁRIO, O AGUADEIRO

Aquário é a décima primeira constelação zodiacal, corresponde ao undécimo signo astrológico e domina sobre os dias que vão de 21 de janeiro a 19 de fevereiro. Sua palavra-chave é UNIVERSALISMO e sua figura simbólica representa um jovem com uma ânfora. O precioso conteúdo dessa ânfora, que jorra prodigamente de sua boca, não é água, vinho ou néctar dos deuses; é o fluido aéreo que despertou a inteligência do homem em Gêmeos, o primeiro signo de ar, deu-lhe a capacidade de escolher e julgar em Libra, o segundo signo de ar e pôde então proporcionar-lhe, em Aquário, um intelecto superior, preparado para os conhecimentos transcendentais, determinando, assim, aqueles que ajudam a construir o mundo em que vivemos e que também nos ajudam a caminhar em direção a outros mundos mais elevados.

Segundo a Cabala Mística, o regente divino de Aquário é Gabriel e na Magia Teúrgica a ordem dos anjos a ele correspondente é a dos Mártires, seres que se submetem voluntariamente ao sacrifício pela evolução da humanidade. Nos mistérios da Ordem Rosa-Cruz vemos que as letras I.N.R.I, colocadas no madeiro onde Jesus foi sacrificado, representam as iniciais dos quatro elementos, em língua hebraica: *Iam*, água — *Nour*, fogo — *Ruach*, espírito ou ar vital — *Iabeshad*, terra. O ar, portanto, elemento a que pertence Aquário, está identificado pelo R, a terceira letra da Cruz.

Como signo aéreo, nos quatro planos da Vida ele corresponde ao Plano Mental. Na Magia descobrimos que os seres invisíveis que o dominam são os Silfos, em cuja invocação vemos que o divino poder de criar e insuflar vida a todas as criaturas é atribuído ao elemento ar:

"Espírito de luz, espírito de sabedoria, cujo sopro dá e recolhe a forma de todas as coisas...

Deixa penetrar até nós o raio da tua inteligência, o calor do teu amor; então o que é móvel será fixo, a sombra será um corpo, o espírito do ar será uma alma, o sonho será um pensamento...

Ó espírito dos espíritos! Ó sopro imperecível de vida! Ó suspiro criador! Ó boca que aspiras e respiras a existência de todos os seres, no fluxo e refluxo de tua palavra eterna, que é o oceano divino do movimento e da verdade..."

NATUREZA CÓSMICA DE AQUÁRIO

O elemento ar

A terra, a água e o fogo são elementos que podem cristalizar-se numa representação material. O mesmo não acontece com o ar, que não pode ser materialmente representado e não tem peso aparente nem forma visível. Está, no entanto, juntamente com os demais elementos, presente no mundo em que vivemos.

O ar possui uma propriedade expansiva, envolvente e penetrante e dá uma natureza extremamente vibrátil, sensível, inquieta, curiosa e eclética e dinamiza poderosamente a inteligência, tanto dos nativos de Aquário como dos de Gêmeos e de Libra. Os aquarianos têm uma mente privilegiada, capaz de absorver múltiplos conhecimentos e capaz de agir tanto no mundo da forma como no plano das idéias, onde vão buscar inspiração para estruturar e construir materialmente.

Aqueles que nascem no signo do Aguadeiro, da mesma forma que as demais criaturas pertencentes aos signos aéreos, unem o pensamento à ação, mas sempre preferem a atividade mental ao esforço físico. Embora o ar se adapte a todas as formas, exterior e interiormente, os que nascem sob sua proteção nunca se adaptam a nada e a ninguém, sempre tentam construir seu próprio mundo e são criaturas extremamente originais, jamais copiando, imitando ou emulando.

De todos os tipos aéreos o aquariano é o mais rebelde, independente, não-convencional e estranho. Tem a curiosidade mental do geminiano e o profundo senso de justiça do libriano, mas não possui nem a comunicatividade do primeiro nem a atraente personalidade do segundo. Como eles, foge da sombra, da dor, da tristeza, da malícia e da crueldade. Como, porém, o ar de Aquário é mais rarefeito do que o dos inquietos domínios de Gêmeos ou do fraterno e sensível campo cósmico de Libra, ele também tem a tendência de fugir à companhia humana, ou, pelo menos, à companhia dos que não o compreendem ou dos que tentam obrigá-lo a viver de modo diverso daquele que é do seu agrado. Por amor ou por um ideal ele é capaz de submeter-se ao mais extremo sacrifício, mas pela força ninguém jamais consegue dominar seus pensamentos ou dirigir suas ações.

Vibração

O signo de Aquário possui uma vibração de natureza intensa e poderosa e sua tarefa principal, em virtude de sua posição como Casa sucedente no zodíaco, é a de realização. Tendo toda a maravilhosa capacidade criadora que pode proporcionar o elemento ar possui também a energia necessária para concretizar suas obras e as de seus semelhantes, aperfeiçoando-as e dando-lhes uma função útil.

Quanto mais vibrátil é o signo, mais sensível e nervoso são os seus nativos. Aquário tem a regência de Urano, cuja natureza eletromagnética determina uma irradiação que tem o mesmo tremendo poder de uma descarga elétrica. A presença desse planeta torna os aquarianos extremamente sensíveis a pessoas, objetos, idéias e ambientes e com a mesma intensidade com que sentem a benéfica aura de uma flor recebem em seu corpo as ondas elétricas da tempestade que se aproxima ou sua própria aura acusa a proximidade de pessoas desagradáveis, fazendo-o sentir uma sensação quase física de repugnância ou mal-estar.

Os signos assim vibráteis fazem com que seus nativos sintam sempre uma sensação de inquietude e urgência. Os aquarianos, embora lentos em seus movimentos, em virtude do ritmo fixo de seu signo, são rápidos em seus processos mentais e quase sempre disputam uma corrida contra o tempo, como se tivessem receio de não poder terminar aquilo que estão fazendo.

Polaridade

O Aguadeiro é um signo de polaridade positiva, ou masculina. Em Astrologia, os termos positivo ou negativo, masculino ou feminino, quando empregados em relação aos signos ou planetas, não indicam força, debilidade ou exaltação, mas são apenas denominações de duas espécies de energia: chama-se de positivo, masculino ou ativo o setor zodiacal que possui energia cinética e, portanto, impulsiona ou emite; enquanto feminino, negativo ou passivo é o signo que possui energia estética, isto é, que recebe ou absorve.

A polaridade positiva torna os aquarianos extremamente auto-suficientes, objetivos, independentes e altivos. Dotados da mesma natureza delicada e cortês que geralmente acompanha os nativos dos signos aéreos, estes nativos não brigam, não discutem, não se impõem pela força mas sempre fazem aquilo que desejam e do modo e no momento que acham mais conveniente. Gostam que as pessoas amigas ou queridas compartilhem de seus triunfos, mas jamais choram suas derrotas em ombro alheio. Não precisam de impulsos exteriores para abrir seu próprio caminho e costumam servir de estímulo aos que têm vontade mais débil, pois é essa, justamente, a função da polaridade positiva: estimular e impelir.

Às vezes o aquariano tem planetas em ângulos desfavoráveis no seu céu astrológico natal, o que anula um pouco as induções masculinas de seu signo. Nesse caso, ele jamais se transforma num tipo passivo, mas demonstra um temperamento instável, hostil, intolerante consigo mesmo e com todos os que o rodeiam. Com aspectos favoráveis, o nativo do Aguadeiro é um dos mais humanos, firmes e brilhantes tipos zodiacais e, a despeito de sua personalidade estranha e pouco sociável, consegue ser admirado e respeitado por todos os que o rodeiam.

Ritmo

Todas as coisas têm uma situação no tempo, *passado, presente* e *futuro* e uma posição no espaço, *direita, centro* e *esquerda*. O ritmo também possui três manifestações: é evolutivo no tempo, formativo no espaço e cinético no movimento. Suas duas forças básicas, atividade e inércia, ou impulso e estabilidade, criam uma terceira que é o ritmo mutável, de movimento pendular, que representa o equilíbrio entre ambas.

O ritmo de Aquário é fixo ou estável, o que dá ao aquariano uma tendência determinada, objetiva, constante e persistente e o torna, quando inferior, numa força destrutiva, fria, implacável e inabalável. Tentar fazer com que um aquariano desista de uma idéia ou siga determinada rota é empresa realmente árdua. Isto não quer dizer que ele seja uma criatura que insista em seus propósitos por pura teimosia ou para fazer prevalecer sua vontade; antes de empreender qualquer coisa ele estuda, planeja, medita e durante esse período está pronto a ouvir qualquer conselho ou sugestão. Uma vez, porém, que se põe em ação, nada o faz desistir. Não discute, não argumenta, mas também não obedece outra voz a não ser a da sua própria razão.

Geralmente, os nativos dos signos estáveis têm muito senso prático e só acreditam naquilo que resiste à sua análise. O aquariano não foge à regra e, sem ser um cético, analisa, observa e disseca cada coisa antes de admitir que seja verdadeira ou de tachá-la de falsa. Apesar de jamais crer *a priori*, sua mente está bem aberta para todas as questões, pois Aquário é o signo de evolução e o evolucionista admite tudo, desde a existência de vida em outros planetas até o sistema social das abelhas ou a presença atual de Cristo num certo monastério do Tibete.

Manifestação da inteligência

Aquário é um signo científico, o que indica que a mente de seus nativos é analítica, crítica, fria e objetiva. Os signos aéreos, além de dar enorme energia mental aos seus nativos, também podem fazê-los extremamente sensíveis e intuitivos. Em Aquário, as qualidades psíquicas vêm juntar-se à razão pura e é por isso que seus nativos, sejam místicos ou materialistas, trabalham sempre num sentido construtivo e útil, procurando aperfeiçoar o que já está feito e avançar mais além, pesquisando o que ainda não foi pesquisado, procurando respostas para as perguntas que foram deixadas em suspenso, lançando novas inquirições e abrindo novos horizontes.

O Aguadeiro é um signo de voz e a ele também pertence a palavra, embora ele não goste de subir em tribunas e prefira escrever a falar. Moisés e Aarão estão associados a Mercúrio e Urano, respectivamente regentes de Gêmeos e Aquário. Era Moisés quem falava com Deus e com os homens, mas era Aarão quem escrevia as Leis e foi ele quem o Senhor indicou para seu Sumo Sacerdote e guardião do Tabernáculo onde foram guardadas as Leis por ele escritas. Assim, o nativo do Aguadeiro pode pegar as palavras, reuni-las e com elas provocar guerras e espalhar o medo, a heresia, a revolta ou semear a paz, a esperança e a fé. Embora seja tímido ao falar, uma simples frase sua, quando escrita, pode servir de bandeira para uma nação como a célebre "...do povo, pelo povo e para o povo..." do aquariano Abraham Lincoln.

Figura simbólica

Aquário tem como selo a figura de um belo adolescente. É, portanto, considerado como um signo humano e sob sua influência podem nascer pessoas de físico muito agradável, gestos elegantes, originais e delicados, voz persuasiva e personalidade atraente. Os signos humanos dão a seus nativos a faculdade de entender e amar seus semelhantes e também de estender seu amor a todas as coisas criadas, animadas ou inermes.

A representação superior desse signo é a de um velho sábio e seu zootipo é a esfinge. Sua irradiação determina, pelo velho pensador, o poder de analisar, julgar, compreender e perdoar, e pela esfinge a faculdade de se realizar nos quatro planos, material, astral, mental e espiritual.

Este é um signo que manifesta intensa energia mental mas proporciona pouca vitalidade física. Toda a potência dinâmica do aquariano vem de sua mente e de sua vontade, pois seu corpo recebe com pouca intensidade a força magnética da Terra e do Sol e aproveita em dose muito pequena os alimentos que ingere.

Sol em Aquário

O Sol, que é o planeta da majestade, da pompa, do luxo e da riqueza, encontra seu exílio nos domínios deste signo. Isso vem dar aos aquarianos muito pouca inclinação a essas tendências solares, sendo para eles preferível a simplicidade das linhas puras e a ausência dos cerimoniais e das atitudes convencionais a que essas características majestáticas e suntuosas sempre obrigam. Vem dar, também, pouca inclinação para o pródigo esbanjamento do riso, da energia e do entusiasmo que geralmente acompanha a vibração solar, tornando, ainda, o aquariano menos sociável do que seria se o Sol não se debilitasse em seu campo cósmico. Nos tipos negativos deste signo, esse aspecto determina frieza emocional e insensibilidade em mais alto grau do que a que naturalmente acompanha os raios inferiores do Aguadeiro.

O poente solar em Aquário também contribui para diminuir a vitalidade física dos aquarianos. Isto não significa que o Sol seja seu inimigo, mas indica que eles absorvem pouco de sua irradiação e de seu magnetismo, devendo viver ao ar livre o maior tempo possível.

Netuno em Aquário

Netuno, o planeta do sacrifício, da abnegação, da fé e da fraternidade, tem suas vibrações diminuídas quando entra em Aquário. O Aguadeiro não é contra os ideais netunianos, sendo também um signo que induz ao amor universal e ao sacrifício; apenas, em virtude de sua natureza positiva, fixa, vibrátil, dinâmica e realizadora, não oferece ambiente favorável à irradiação muito passiva de Netuno, que tem a tendência de anular a matéria e exaltar o espírito. Essa é uma característica que não agrada a Aquário, que também procura as conquistas espirituais, mas não despreza as materiais, que são indispensáveis no mundo concreto onde vivemos.

Mercúrio em Aquário

Mercúrio, o planeta da inteligência, tem forte afinidade com o signo de Aquário e com seu regente, Urano. É o irmão cósmico desse planeta, cuja natureza violenta, de vibrações intensamente rápidas e puramente mentais, torna os aquarianos ultra-sensíveis, tanto física como psiquicamente.

Mercúrio é considerado o senhor da palavra, escrita ou falada, e dá a faculdade de memorizar, entender, assimilar e transmitir. Esses dons, por sua afinidade com o Aguadeiro, ele os estende aos aquarianos e dentro deste signo ele se sente quase tão à vontade quanto em seu trono zodiacal, Gêmeos.

Síntese cósmica

O zootipo de Aquário, a esfinge, encerra em sua essência os quatro elementos, terra, fogo, água e ar, que estão representados por este signo e por mais três signos de ritmo fixo: Touro, Leão e Escorpião. Juntos eles formam a mística Cruz do Mundo, marcando o meio das estações e representando o período de equilíbrio que existe entre o começo e o fim de todas as coisas.

A esfinge, nestes quatro signos, está assim representada: Touro, seu corpo, Leão, suas garras, Escorpião, ou a serpente, sua cauda e Aquário sua cabeça, que é humana. A figura simbólica dos três primeiros é animal, mas a cabeça humana de Aquário indica que o homem, pela inteligência e pelo pensamento, pode superar sua condição material e ascender ao mundo divino de onde foi exilado.

O AQUARIANO

Como identificar um aquariano

Pulmões fortes
Aprecia a eletrônica
É orientado para o futuro
Símbolo: o aguadeiro
Planeta regente: Urano (antigo regente, Saturno)
Casa natural: décima primeira relativa às amizades e metas
Elemento: ar
Qualidade: fixa
Regiões do corpo: sistema circulatório, tornozelos
Pedra preciosa: ametista
Cores: brilhantes, turquesa
Flor: orquídea
Frase-chave: Eu sei
Palavra-chave: não-convencional
Traços da personalidade: leal, individualista, rebelde, impessoal, orientado para o grupo, inventivo, desligado, lógico, independente, determinado, teimoso

Países: Suécia, Rússia, Finlândia

Coisas comuns regidas por Aquário: eletricidade, radiologia, comunicação sem fio, rádio, organizações, amizade, eventos sociais, hangar, avião, astrologia

O homem do futuro

Cada signo tem uma característica toda sua que o singulariza. Embora ela possa se repetir em outros setores do zodíaco, não tem a qualidade de nota básica, mas aparece mesclada com outras virtudes. A nota básica de Aquário é a visão do futuro. Existe até em Astrologia um conceito já muito surrado, mas que sempre vale repetir quando se fala sobre o Aguadeiro e seus nativos; ele diz que o aquariano está sempre com um século de avanço sobre seus contemporâneos. Essa é uma afirmativa verdadeira, sendo fácil compreender por que todos os mestres astrólogos, antigos e modernos, a repetiram.

Aquário é um signo de Evolução e seus nativos possuem uma natureza das mais contraditórias, e que serve de chave para abrir-lhes a porta do futuro, revelando horizontes infinitos e até então desconhecidos. Estando sempre pronto para admitir tudo, pode-se levar ao aquariano a teoria mais absurda que ele nada nega, mas também nada endossa, antes de haver comprovado, de um modo ou de outro, sua validade ou invalidade. Sendo, simultaneamente, racionalista e espiritualista, procura provar materialmente aquilo que sua percepção intuitiva lhe diz que está oculto, mais além, no tempo ou no espaço. Está, igualmente, ligado ao microcosmo e ao macrocosmo, ao homem e ao universo, e tem a visão psíquica e a compreensão racional das leis de evolução.

O Aguadeiro faz com que seus filhos não sintam nenhum respeito pelas afirmativas, apenas porque foram escritas em livros ou repetidas durante séculos. Ensina-os a unir a fantasia à realidade, mas depois os obriga a provar a realidade de suas fantasias. Justamente por libertar a imaginação, destruir a ortodoxia, mas, ao mesmo tempo, inclinar ao estudo, à análise, à investigação e à comprovação científica é que as estrelas de Aquário podem iluminar o nascimento de um Galileu Galilei, de um Sir Francis Bacon ou de um Júlio Verne.

A determinação

No zodíaco existem tipos constantes, obstinados e persistentes, mas existem, também, várias formas de constância, persistência e obstinação. Há alguns tipos astrológicos que são constantes em seus pensamentos e desejos mas não o são em suas ações e determinações. Há outros que perseguem tenazmente uma idéia, não porque tenham real interesse em ver como é que ela funciona na prática mas apenas porque necessitam satisfazer sua própria vontade. Há outros que confundem a persistência com a teimosia e desgastam suas energias em empreendimentos inúteis porque lhes parece humilhante confessar que planejaram mal sua empresa ou que confundiram o moinho com o gigante.

Existem, ainda, aqueles que, isentos de qualquer sentimento pessoal, uma vez que acham que sua idéia é válida e uma vez que estudaram o melhor meio de torná-la realidade e estão convictos de que *podem* torná-la real, trabalham para concretizá-la, sem se importar com os sacrifícios, os obstáculos ou as vozes que tentam criticá-los ou dissuadi-los. O aquariano está entre estes. Possui, em virtude do ritmo fixo de seu signo e de suas demais qualidades cósmicas, uma vontade poderosa, uma tenacidade sem par e uma determinação inabalável. Em qualquer luta coloca todas as suas energias, físicas ou mentais, em ação e embora seguindo a tendência dada pelo elemento ar, que é a de não discutir, não brigar e não usar a força bruta, uma vez que se põe em ação é praticamente impossível fazê-lo voltar atrás.

Deve-se, porém, dizer que existe uma força, talvez a única, que obriga o aquariano a recuar: o amor — seja por uma determinada pessoa, seja por uma comunidade. Se o que está fazendo ou o que pretende fazer pode prejudicar ou causar mágoa a outros, ele se detém. Isto, contudo, não quer dizer que desista da idéia; guarda-a, espera com uma paciência igual à sua constância e na primeira oportunidade favorável faz aquilo que quer. Nos tipos negativos, esta determinação aumenta ainda mais as suas debilidades, tornando-os mais frios, destrutivos e insensíveis.

O poder mental

Durante muito tempo a regência de Aquário foi atribuída a Saturno, o planeta que proporciona um intelecto profundo e poderoso. Na Astrologia moderna, Urano passou a ocupar o lugar desse planeta, por ter uma natureza mais condizente com a de Aquário, que é o signo do amor universalista, das transformações e da evolução, induções estas também uranianas. A despeito de Saturno ter sido retirado da regência, Aquário se harmoniza profundamente com ele, apossando-se de muitas de suas qualidades; unindo-as às induções de Urano e aproveitando ainda as vibrações de Mercúrio, com quem tem grande afinidade; este signo dá aos seus nativos uma aperfeiçoada máquina cerebral, apta para captar o máximo dessa maravilhosa energia divina que se chama inteligência e para desenvolver esse outro divino processo que é o pensamento.

Os aquarianos são frios, científicos, objetivos, práticos e, ao mesmo tempo, emotivos, intuitivos, místicos e idealistas. Têm sempre pronunciada inclinação para os estudos e o trabalho mental. Em oposição, são avessos a todo o esforço físico. Qualquer tarefa relacionada com a inteligência, que exija sempre o uso das células cerebrais, mesmo quando necessite também o trabalho manual, é preferida por eles. Têm enorme capacidade para aprender e entender e são capazes de se dedicar, simultaneamente, a atividades diversas, realizando todas com o mesmo cuidado e atenção. Possuem, em iguais doses, o sentido panorâmico e a percepção do detalhe e para eles nada se apresenta como peça única, mas tudo se constitui num conjunto de valores individuais.

Podendo manejar à vontade com a palavra, Aquário faz com que, sob sua influência, possam nascer criaturas como Beaumarchais, Boris Pasternak, Júlio Verne, Lord Byron, Padre Antônio Vieira, Charles Dickens, Zane Grey e Emil Ludwig. Desenvolvendo os sentimentos fraternos e dando uma consciência social das mais desenvolvidas, tanto pode determinar o nascimento de um Franklin Delano Roosevelt, que por muito amar a paz lutou por ela durante uma guerra inteira, ou de um U Thant, que lutou para impedir que nova guerra, com conseqüências imprevisíveis, pudesse se abater sobre nós. Unido ao microcosmo e ao macrocosmo, põe em seu nativo, o professor Picard, o desejo de construir sua batisfera e seu batiscafo e dá ao seu outro filho, Alfred Adler, a faculdade de penetrar nos sombrios labirintos da mente humana e procurar o segredo de suas inibições e seus temores. Proporcionando extrema sensibilidade, faz de seus artistas os amantes da Perfeição, não havendo até hoje alguém capaz de imitar a aquariana Ana Pavlova ou de compor Réquiens como os de Amadeu Wolfgang Mozart.

Assim, por sua inteligência eclética, aguda e brilhante, pela imaginação ilimitada que é própria da juventude e que está representada pelo adolescente que serve de selo ao Aguadeiro e pela concentração, reflexão e profundidade do velho sábio que é o zootipo superior deste signo, o aquariano está capacitado para os mais elevados destinos e para as realizações mais úteis.

A mulher de Aquário

Um signo imprime as mesmas características em todos os seus nativos, sejam homens ou mulheres, embora suas induções, nas representantes do sexo feminino, sejam suavizadas por especiais condições físicas e psíquicas. A mulher é sempre mais sensível do que o homem e também está sujeita a algumas limitações impostas por óbvias razões fisiológicas; mesmo que seja uma cientista eminente ou uma artista afamada sempre vê seu corpo deformado por uma gravidez e é obrigada a observar certo repouso até que o filho nasça, estando, ainda, sujeita a cíclicas indisposições próprias do seu sexo. À parte estes pontos, ela é tão capaz quanto o homem e absorve, como ele, todas as qualidades e debilidades das estrelas que patrocinam seu nascimento.

As aquarianas têm um temperamento independente, original e tão rebelde quanto o dos seus irmãos de signo. Por efeito da polaridade masculina de Aquário, são dotadas de uma natureza enérgica e positiva e sabem lutar pela concretização de seus desejos com toda a indomável coragem e obstinada determinação peculiares a este signo. São, também, muito inclinadas aos trabalhos intelectuais ou a todos os que exigem, além da habilidade manual, uma boa dose de inteligência. Vale apontar que dificilmente são boas donas de casa e sempre que podem escapam das tarefas domésticas, embora procurem fazê-las bem-feitas quando a isso são obrigadas.

Aquário torna seus nativos diferentes do padrão comum e as aquarianas embora possam ser muito elegantes, raramente se vestem ou agem de acordo com a moda ou os usos, apreciando tudo quanto seja original e colocando algo de sua personalidade naquilo que fazem. São muito femininas no falar, mover-se e agir, mas são masculinas na luta e na coragem e raramente são dadas a demonstrações de fraqueza ou sentimentalismo. Podem ter a extrema sensibilidade de sua irmã de signo, Ana Pavlova, a requintada feminilidade, unida à brilhante inteligência, de outra nativa do Aguadeiro, Madame de Sevigné ou a coragem e o espírito científico de Elisabeth Blackwell, que fez o que somente uma aquariana faria: arrostou todas as críticas, suportou todas as chacotas e realizou seu sonho, sendo a primeira mulher, no mundo, formada em medicina.

O rebelde

O elemento ar dá extrema independência aos que nascem em signos por ele dominados. Assim, geminianos, librianos e aquarianos são criaturas muito difíceis de conduzir e, a despeito de sua natureza gentil e pacífica, dificilmente atendem imposições ou se submetem a regras, especialmente quando injustas.

Dos três tipos astrológicos aéreos, o aquariano é o mais rebelde. Por sua própria natureza, o Aguadeiro é o signo que determina as transformações e nada pode se transformar quando existem limites em seu horizonte. Destruindo as fronteiras existentes entre as classes, eliminando as diferenças sociais ou raciais, Aquário encerra uma semente de inquietude e rebelião que abala as velhas estruturas e procura destruir tudo quanto é superado e estático. O aquariano, mesmo quando não tem uma função social, intelectual, política ou religiosa, que justifique essa atitude revolucionária, age de acordo com esse imperativo do seu signo até em seus menores atos. Tem sua própria maneira de organizar seu trabalho, não admite intromissões em sua vida particular, e no ambiente doméstico é bastante despótico, exigindo que tudo seja feito de acordo com seus desejos, que afinal têm um único objetivo; conseguir o máximo de rendimento com um mínimo de esforço.

Na rebeldia dos aquarianos existe muito de orgulho, que, aliás, freqüentemente os prejudica. Não sabem pedir nada para si próprios e jamais cortejam ou elogiam imerecidamente, apenas com o fito de conseguir vantagens. Se são mal remunerados em seu trabalho preferem abandoná-lo a pedir uma recompensa maior e raramente lutam por dinheiro e se o destino os obriga a atravessar situações penosas não confessam suas aperturas nem mesmo às pessoas mais chegadas. Sempre sabem o que querem e qual o melhor modo de alcançar seu alvo, mas, se para isso, têm de depender da ajuda de outros preferem esperar até que possam agir sozinhos ou com o mínimo de interferência estranha. Se lhes aparece uma empresa lucrativa, onde têm de trabalhar sob as ordens de terceiros, preferem dedicar-se a uma tarefa menos compensadora, mas na qual tenham liberdade de ação.

Amor e sacrifício

O signo do Aguadeiro recebe fortemente a impassível e severa vibração de Saturno, e seu regente Urano não confere afetividade, ou melhor, não particulariza o amor, mas o generaliza e os que recebem as irradiações uranianas mais facilmente amam a humanidade do que uma só pessoa. Se predominassem essas características, o aquariano seria uma criatura fria e desapaixonada, incapaz de dar sua afeição e sentir ternura ou saudade. Acontece, porém, que o Aguadeiro é um signo aéreo e humano, o que faz com que seus nativos tenham um coração cálido, capaz de abrigar os mais ardentes sentimentos.

Os aquarianos podem dedicar sua vida a um ideal ou a uma criatura e estão sempre prontos a dar sem pedir nada em troca. São bondosos, prestativos e gentis com seus amigos e com as pessoas que lhes pertencem. Embora não o demonstrem, comovem-se fundamente diante do sofrimento alheio e sentem especial carinho pela infância e pela velhice. Fogem da cabeceira dos moribundos não porque temam a morte, mas porque não suportam a visão da dor dos que ficam. Amam profundamente a Terra e os homens e toda a criação, divina e humana, sensibilizando-se diante da beleza de uma paisagem ou de uma flor, da ânsia vertical de progresso de uma grande cidade ou dos reflexos do sol no vitral colorido de uma igreja antiga. Ruas, cidades, gente, árvores, chuva, tudo para eles tem cor, ritmo, som, forma e dimensões próprias e cada detalhe ressalta com intensa luminosidade, sem fugir à harmonia do conjunto.

No entanto, o aquariano é quase sempre considerado como uma criatura fria, inabalável e pouco afetiva. O tipo negativo do Aguadeiro é, realmente, insensível, egoísta, excessivamente preocupado consigo mesmo e absolutamente indiferente ao resto do mundo, mas o tipo positivo deste signo não merece ser assim julgado apenas porque não fala sobre suas emoções, não alardeia seus sentimentos e sente uma espécie de acanhamento em demonstrar toda a extensão de sua alegria ou de sua dor. Ajuda sem demonstrar que está ajudando, faz companhia sem que sua presença seja óbvia, tem um instintivo receio de incomodar e procura se esquivar a toda espécie de agradecimento ou recompensa. Não se aproxima de estranhos e não oferece conselho ou auxílio que não seja pedido, com receio de que interpretem mal sua atitude, tachando-a de intromissão ou curiosidade. É sujeito a estranhos estados de humor, em que sente a necessidade de se isolar, mas, até nesses momentos, apesar de ser um espectador silencioso, nunca é indiferente ao que o rodeia pois tem dentro de si uma imensa reserva de amor e uma grande capacidade de renúncia e sacrifício.

Síntese

Aquário confere retidão, honestidade, equilíbrio e serenidade. Proporciona inteligência, profundidade, reflexão, ecletismo, originalidade, capacidade criadora e inventiva, intuição, sensibilidade e poder realizador. Dá intensa capacidade afetiva, mas não inclina ao ódio e os aquarianos ignoram os inimigos e jamais os perseguem. Ora mergulhados em profundo silêncio, ora comunicativos, às vezes alegres e confiantes, às vezes sofrendo estados de inexplicável tensão, como se sentissem sobre seus ombros todo o peso da Cruz do Mundo, estes nativos sempre despertam a atenção e sua personalidade original pode suscitar antipatia, pode suscitar admiração, mas nunca é apreciada com indiferença.

O Aguadeiro coloca ilimitadas possibilidades ao alcance de seus nativos, mas também lhes tira a tranqüilidade que possuem todos aqueles que conseguem se enquadrar dentro das normas comuns de comportamento. O aquariano, apesar de estar sempre pronto a ouvir as opiniões alheias e de adotar aquilo que lhe parece certo, tem seus próprios códigos de ética, religião, moral ou política. Não imita ninguém e pode seguir idéias, mas não segue os homens. É cheio de fé, mas não aceita dogmas, e toda a religião, para ele, é passível de crítica e aperfeiçoamento. Respeita os direitos de todas as criaturas, não impõe seus ideais, mas vive, age e pensa à sua própria maneira e, cedo ou tarde, embora não possa ser medido pelos padrões comuns, sempre acaba por servir de padrão para seus semelhantes.

Assim como os raios superiores de Aquário são úteis e benéficos; suas vibrações, quando negativas, criam tipos desagradáveis e prejudiciais que nunca têm um sentido construtivo em sua ação, mas sempre procuram destruir o que de melhor os outros têm, seja a fé, seja a esperança, seja a confiança.

O DESTINO

Antes mesmo do seu nascimento o homem já começa a integrar-se no concerto cósmico universal. Seus primeiros sete meses, três na condição embrionária e quatro na condição fetal, são as sete etapas formativas, no fim das quais está apto para nascer e sobreviver. Os dois últimos meses são dispensáveis, mas a Natureza, mãe amorosa e cautelosa, os exige e só os dispensa em casos extremos, pois a criaturinha que vai nascer necessita fortalecer-se e preparar-se para a grande luta que se iniciará no momento em que ela aspirar o primeiro hausto de ar vivificante.

Durante os nove meses de permanência no útero materno, de nove a dez signos evoluem no zodíaco celeste. De modo indireto, suas induções são registradas pelo sensível receptor que é o indivíduo que repousa, submerso, na água cálida que enche a placenta. É por essa razão que observamos, em tantas pessoas, detalhes de comportamento que não correspondem às determinações do seu signo natal; isto indica que elas possuem uma mente flexível e sensível e estão aptas para se dedicar a múltiplas atividades.

Ao nascer, a criatura recebe a marca das estrelas que dominarão o seu céu astrológico e que determinarão seu caráter, seu temperamento e seu tipo físico, além de dar-lhe um roteiro básico de vida. As vibrações percebidas durante a permanência no útero, por uma sutil química cósmica, são filtradas e quase totalmente adaptadas às irradiações das estrelas dominantes. As influências familiares, e a posição social ou financeira dos progenitores nunca modificarão o indivíduo; apenas poderão facilitar ou limitar os meios que ele terá para objetivar sua personalidade e realizar, de modo positivo ou negativo, as induções do seu signo natal.

Alguém, portanto, nascido entre 21 de janeiro e 19 de fevereiro, que provenha de família de rígidos princípios ou de moral relaxada, venha à luz numa suntuosa maternidade ou no canto de um casebre humilde, seja criado com carinho ou seja desprezado pelos seus, será sempre um aquariano e terá o destino que Aquário promete aos seus nativos. Este destino será brilhante ou apagado, benéfico ou maléfico, de acordo com a qualidade e o grau de evolução de cada um.

Evolução material

Diz certo ditado que Deus castiga aqueles a quem ama e em Astrologia se verifica que quanto mais poderoso e realizador é um signo, mais atribulada e trabalhosa é a vida de seus nativos. Não fugindo a essa regra, o aquariano terá que lutar por todas as coisas materiais que quiser alcançar. Aquário é extremamente pródigo em dotes de inteligência, simpatia, habilidade, compreensão e bondade, mas não costuma facilitar o caminho de quem nasce sob suas estrelas, e toda a luta pela fama, pela riqueza e pelo reconhecimento público será sempre árdua.

Por sua própria natureza, que o obriga a viver apartado de seus semelhantes mesmo estando mesclado a eles, o aquariano só tem possibilidade de maior êxito depois dos trinta e cinco ou quarenta anos de idade. Há, naturalmente, algumas exceções, mas estes nativos raramente conseguem realizar seus propósitos mais cedo e sua vida se assemelha a uma lenta semeadura, que produz frutos abundantes mas tardios. Possuindo uma natural tendência para a modéstia e a simplicidade, e tendo um temperamento retraído e pouco gregário, o filho do Aguadeiro sempre foge à companhia de pessoas importantes e pertencentes às altas rodas sociais, sendo este mais um motivo de seu sucesso tardio, pois deixa de receber o apoio financeiro ou moral de criaturas que muito poderiam ajudá-lo se melhor conhecessem a extensão de seus méritos.

A rebeldia e o orgulho também são características de valor negativo na luta pelo sucesso. Nem mesmo em benefício de seus próprios ideais o aquariano procura enquadrar-se nas normas comuns de comportamento e sente forte aversão a qualquer caçada ao dinheiro ou às recompensas de qualquer espécie, que não lhe sejam espontaneamente oferecidas. Ele gosta quando seu trabalho é financeiramente bem-sucedido porque sabe que o preço é a medida da apreciação pública, mas tem pouca habilidade para lutar pelo dinheiro e geralmente só faz fortuna tarde.

Aquário promete fama e riqueza aos seus nativos, mas também promete muitos obstáculos à sua evolução material e muitos ataques de inimigos invejosos e traiçoeiros, que procurarão manchar sua reputação e impedir o seu sucesso. Por sua forma toda própria de agir e pensar, os aquarianos poderão ser censurados e criticados, poderão até mesmo viver marginalizados, condenados ao ostracismo por pessoas que sofrem de miopia mental que, temendo ver seu seguro, retrógrado e confortável mundo abalado pela arrojada e inovadora ação desses nativos, apressam-se em afastá-los de seu caminho.

Por seu valor, por suas virtudes e por sua coragem, o aquariano, quando positivo, saberá combater as oposições, superar os obstáculos, vencer suas inibições e realizar todas as promessas contidas no signo do Aguadeiro. Ao atingir a idade madura tudo será mais fácil e ele não terá que lutar pelo respeito e pela admiração de seus semelhantes, e nem por seu sucesso financeiro, porque todas essas coisas virão ao seu encontro, espontaneamente.

Família

Possuindo idéias, opiniões e hábitos muito particulares, o aquariano corre sempre o risco de ser incompreendido e, em muitos casos, essa incompreensão pode começar em casa, isto é, pode partir da família.

Estes nativos tanto podem nascer em família numerosa como pequena, sendo mais comum este último caso e nunca terão grande intimidade com tios ou tias e primos ou primas. Seus progenitores terão uma natureza metódica, serão conservadores em religião e moral, mostrar-se-ão inimigos de qualquer ação inovadora e possuirão uma tendência fatalista e conformista que jamais será aprovada pelo aquariano. Como o nativo deste signo raramente discute, e suas explosões de cólera são raras, sua oposição aos progenitores será silenciosa e inflexível e alguns atos seus poderão fazer até com que ele seja proscrito da casa paterna. Terão mais afinidade com um dos pais, embora possam ser mais fortemente influenciados justamente por aquele com quem menos se harmonizam. Um dos genitores terá um temperamento amável, afetivo e gentil e será excessivamente dedicado à família e ao lar, ao passo que o outro tanto poderá ser violento e agressivo como reservado e pouco afetivo.

Aquário geralmente promete poucos irmãos e o aquariano se harmonizará mais com eles do que com seus pais, havendo, inclusive, muitos pontos de semelhança entre eles e este nativo. Um dos irmãos poderá se afastar da família ou então poderá sofrer morte prematura, violenta e inesperada.

Amor

O signo do Aguadeiro pode determinar estranhos acontecimentos na vida amorosa de seus nativos, estando o aquariano sujeito a mais de um casamento ou união. Para muitos nativos deste signo o destino prenuncia uma união, legal ou ilegal, na juventude, que não trará muita felicidade, mas será depois seguida por um casamento, ou nova união, que lhes trará grande satisfação material e espiritual e lhes proporcionará uma vida harmoniosa e tranqüila.

A tendência desse signo é unir seus nativos a pessoas de influência social, política ou financeira, ou então de alto nível intelectual ou artístico. Quando o primeiro casamento ou união for com uma criatura dessa classe, o aquariano não se separará do cônjuge, mas quando casar ou unir sua vida a alguém de posição ou educação inferior, sempre acabará rompendo os laços matrimoniais; isto se deve a que, em seu horóscopo natal, a Casa do matrimônio é dominada pelo signo de Leão, que indica poder, elevação e honrarias.

Não é muito próprio do aquariano enganar ou atraiçoar. Quando, porventura, ele quebrar esses preceitos de seu signo e, paralelamente ao seu casamento, mantiver uma vida irregular, estará sempre sujeito aos escândalos e aborrecimentos. Os danos serão ainda maiores quando suas aventuras extramatrimoniais acontecerem com pessoas de condição inferior; nesse caso, poderão ser vítimas de extorsão e sofrerão graves prejuízos financeiros.

Como este signo proporciona uma natureza estranha, sensível e muito particular, o nativo terá que ser bem compreendido por seu cônjuge para que ambos possam viver felizes. A fim de que isso aconteça, o aquariano deverá escolher muito bem a criatura a quem vai juntar seu destino, lembrando-se sempre de que a maioria das separações, neste signo, são provocadas por incompatibilidade de gênios.

Filhos

Aquário não é um signo de grande fecundidade, o que indica que o maior ou menor número de filhos será de acordo com a posição, favorável ou desfavorável, de certos planetas no céu astrológico natal do aquariano. O signo de nascimento do cônjuge também é muito importante; casando-se com alguém nascido em signo fecundo, o nativo de Aquário poderá ter vários filhos, mas seguramente não terá nenhum se seu cônjuge pertencer a um signo de natureza estéril.

O Aguadeiro pode proporcionar filhos gêmeos e também dar predominância do sexo masculino, na descendência. As mulheres nascidas neste período terão de viver sob rigoroso controle médico em cada período de gravidez, pois estão sujeitas a abortos ou partos prematuros. Em determinadas aquarianas existe completa esterilidade; outras são mais fecundas mas, como já dissemos, terão que submeter-se a cuidados médicos durante toda a gestação. Este signo também oferece o perigo de partos arriscados ou de emergência, mas não promete nenhum acontecimento desagradável com eles relacionado.

Os filhos que porventura os aquarianos tiverem serão extraordinariamente inteligentes, sensíveis, afetivos e lhes está reservado um brilhante destino, principalmente ao se encaminharem para uma atividade intelectual ou artística. Poderão ter um sistema nervoso bastante delicado e em sua infância estarão sujeitos a alergias, resfriados, tosses e vários males de origem nervosa, mas depois dos primeiros anos sua saúde se estabilizará completamente.

Vida social

A posição social dos nativos do Aguadeiro pode ser analisada quase que sob as mesmas indicações encontradas para sua evolução material. Por sua personalidade brilhante, por sua inteligência e capacidade, o aquariano poderá ganhar extraordinário prestígio, mas por sua natureza rebelde, altiva e não-convencional, poderá ser prejudicado, não só em seus negócios como em seu bom nome e verá seus méritos tardiamente reconhecidos.

O nativo de Aquário não busca honrarias, não procura se destacar e nem luta por posições importantes. Faz aquilo que julga certo fazer, sem receio de que seus atos possam trazer-lhe descrédito ou sem o fito de receber cumprimentos por eles e pouco lhe importa a crítica ou o aplauso quando está intimamente convicto da justiça de suas ações ou de suas idéias. Esta atitude também poderá ser responsável por muitas perseguições e muitos ataques à sua pessoa, que naturalmente prejudicarão sua posição social. Como, porém, todo aquele que nasce neste signo um dia tem seu valor reconhecido, o aquariano sempre acabará conseguindo o destaque merecido, mas isso só acontecerá depois dos trinta e cinco ou quarenta anos.

Por um casamento, o nativo de Aguadeiro poderá ascender a uma posição bem mais elevada do que aquela que herdou de seus progenitores. Aliás, o matrimônio sempre terá papel importante em sua vida, podendo oferecer-lhe paz, fortuna, alegria e prestígio ou, no caso de uma união negativa, podendo trazer-lhe, além de muitos aborrecimentos, probabilidade de que tenha de conviver com pessoas de condição bem inferior à sua.

Os inimigos que o aquariano porventura tiver serão perigosos tanto por sua ação traiçoeira como por seu ódio silencioso e tenaz. Jamais terão coragem de atacar frente a frente este nativo, mas agirão pelas costas e o ponto visado será justamente sua integridade moral. Ainda, por motivos religiosos ou políticos, existem possibilidades de prisão ou exílio; ou voluntariamente, o aquariano procurará isolar-se, até que suas atitudes ou ideais sejam compreendidos. Qualquer uma destas situações trará prejuízos à posição social, mas com o passar dos anos o nativo de Aquário conseguirá atingir o lugar que merece.

Finanças

A fortuna dos aquarianos está sujeita a alternativas favoráveis e desfavoráveis, pois sofrerá o reflexo das influências já analisadas nas partes referentes à evolução material e à posição social, e enquanto o seu valor não for reconhecido eles não terão grande sucesso financeiro. Por questões ideológicas, por assuntos de família ou por algum fato relacionado com o matrimônio, também poderão atravessar períodos bastante difíceis, mais difíceis ainda porque nunca procurarão o auxílio de parentes ou amigos e lutarão sozinhos até que a crise seja superada.

Como o filho do Aguadeiro não gosta de apregoar seu próprio valor, preferindo esperar até que os outros o reconheçam, não é raro que ocupem lugares modestos enquanto outros, de menor competência, estão nas posições de maior importância e recebem uma compensação muito mais alta por seu trabalho. Esta atitude orgulhosa deverá ser amenizada se o aquariano desejar construir, mais cedo, uma situação financeira equilibrada e estável e se não quiser, também, passar toda a sua vida na obscuridade, deixando que se percam as maravilhosas qualidades que Aquário lhe oferece.

O aquariano poderá ter bens imóveis muito valiosos, mas está sujeito a perdê-los, tanto por perseguições políticas, como pela interferência de parentes ou pessoas dele dependentes ou, ainda, pela ação traiçoeira de seus inimigos. Por um casamento desfeito, ou uma união irregular, poderá ver-se igualmente despojado de seu dinheiro e de seus bens. Se quiser conservar o que é seu terá de aprender a lutar, pois enquanto seguir a altiva determinação de não brigar por dinheiro os outros disso se aproveitarão para roubar o que legalmente lhe pertence.

Por seus trabalhos intelectuais ou artísticos, e por sua própria capacidade e habilidade, o aquariano poderá fazer fortuna, pois assim como o seu céu astrológico natal indica instabilidade e perigo de perda dos bens, indica, também, em condições favoráveis, grande riqueza e grande prestígio.

Saúde

Devem ser observadas, na parte relativa à saúde dos aquarianos, três influências, sendo duas básicas e uma secundária e que são as vibrações próprias deste signo, as de seu regente, Urano, e também as de Saturno, que sempre guarda algo de seu antigo poder, nos domínios do Aguadeiro.

Aquário rege as pernas e os calcanhares e seus nativos estão sujeitos, em condições desfavoráveis, a cãibras freqüentes e a golpes ou ferimentos nessas partes. Rege, também, a bexiga, os rins e os quadris, podendo tanto dinamizá-los beneficamente e estimular suas funções como, com aspectos negativos, provocar toda a espécie de moléstias das vias urinárias.

Urano, com sua vibração intensa e seus raios eletromagnéticos, atua sobre o cérebro, a glândula pituitária, os nervos, e aumenta ou diminui a energia nervosa. Nos aquarianos costuma intensificá-la de modo extraordinário e estes nativos, além de uma grande atividade cerebral e física, estão sujeitos a uma extrema sensibilidade, reagindo diante de pessoas e de um infinito número de materiais e sofrendo reações alérgicas de toda a espécie, especialmente da pele e das vias respiratórias. Quando Urano está em situação negativa no céu astrológico natal dos aquarianos, eles também estão sujeitos a choques nervosos, espasmos, convulsões, dores nevrálgicas, enxaquecas e crises nervosas de toda espécie, desde as epiléticas até as obsessivas. Urano pode, ainda, determinar acidentes e ferimentos graves por meios mecânicos, elétricos ou explosivos.

Saturno, embora com menor intensidade que Aquário e Urano, também pode atuar, maléfica ou beneficamente, sobre o organismo e o corpo dos aquarianos. Ele rege os dentes, os cabelos e as unhas e em mau aspecto pode determinar que se alterem, quebrem ou estraguem muito cedo, tornando-os fortes e bonitos quando está em condições favoráveis. Domina, também, a estrutura óssea, podendo proporcionar um dos mais sólidos e perfeitos esqueletos ou, quando em más condições, podendo causar paralisia, osteomielite, reumatismo articular, calcificações nas juntas e toda a sorte de deformidades na estrutura óssea, além de propensão para quebras e fraturas.

Certos aspectos estelares presentes no tema astrológico de alguns aquarianos podem indicar perigo de ataque de pequenos animais venenosos, como répteis, aranhas, etc., ou risco de acidentes graves, causados por fogo e, reforçando as induções de Urano, também causados por meio mecânico, elétrico ou explosivo. Há, também, o risco de mordidas de animais, especialmente cães raivosos e quedas ou golpes de perigosas conseqüências.

Para ter saúde, como o Sol encontra seu poente neste signo, o aquariano deve procurar receber o máximo de luz solar e permanecer pelo menos meia hora por dia ao ar livre, com um mínimo de roupa e descalço, para que possa absorver as magnéticas vibrações solares e terrestres. Deve também evitar o desgaste físico excessivo, pois, embora sua força mental seja enorme e sua energia nervosa também, seu corpo tem uma resistência diminuta.

Amigos

A personalidade dos aquarianos agora deverá ser bastante familiar para aqueles que estão seguindo este roteiro e vêm estudando desde a natureza cósmica do Aguadeiro até o temperamento de seus nativos e os aspectos básicos de seu destino. Retraído, orgulhoso, rebelde, inconvencional, um pouco tímido, amante da humanidade mas nada gregário, aparentemente frio mas intimamente bondoso e fraterno, ele é reservado diante de estranhos, não gosta de freqüentar ambientes movimentados e, como bom conhecedor da natureza humana, estuda as pessoas antes de admiti-las no rol dos amigos. Possuindo uma espécie de defesa áurica, sem dizer uma palavra ou fazer um gesto descortês, repele aqueles que lhe desagradam e que não deseja ter ao seu redor.

Por todas estas características, o nativo do Aguadeiro deveria ter poucos amigos. Mas isso não acontece, pois todos se sentem atraídos por ele, sendo vasto o seu círculo de relações. Não é amigo de fazer visitas, mas gosta de recebê-las, e embora fuja dos ambientes sociais está sempre rodeado por pessoas de valor artístico ou intelectual ou de elevada posição social ou financeira. Sempre que o desejar, o aquariano poderá contar com seus amigos, sendo que um deles terá grande e benéfica influência em sua vida e em seus negócios.

Inimigos

Os que nascem no signo do Aguadeiro nunca terão adversários generosos. Seus inimigos serão traiçoeiros e vingativos e sempre procurarão agir nas sombras, às ocultas, cortando as oportunidades destes nativos, espalhando obstáculos em seu caminho, causando danos aos seus negócios e prejudicando sua reputação, sempre por meio de intrigas e calúnias.

O aquariano não ataca, ofende ou prejudica ninguém deliberadamente, mas suas idéias arrojadas e suas atitudes positivas e francas com freqüência fazem com que arranje inimizades bastante profundas. Quando isto acontece, ou quando alguém lhe faz algum mal, o nativo de Aquário não abriga sentimentos de ódio ou rancor, preferindo desprezar seus inimigos a dar-se o trabalho de persegui-los. Naturalmente não se deve perseguir ninguém ou alimentar desejos de vingança, mas é sempre prudente vigiar os adversários, e enquanto o aquariano não aprender a se prevenir contra seus antagonistas, sempre correrá o risco de se ver seriamente prejudicado por eles.

Este signo não traz muita sorte com empregados ou subalternos. Alguns poderão ser extremamente fiéis, mas outros serão desleais, e por culpa deles o aquariano poderá sofrer sérios aborrecimentos, relacionados com sua vida doméstica, seu trabalho ou mesmo sua família.

Viagens

Aquário é um signo fixo e esta característica rítmica determina uma certa estabilidade nos seus nativos, seja em relação às mudanças de residência, seja em relação às viagens.

O aquariano poderá fazer várias viagens em sua vida, mas serão todas de curta duração, e ele nunca se sentirá muito tranqüilo quando tiver de se afastar de sua casa e de suas atividades. No céu astrológico de alguns nativos deste signo existe a promessa de algumas viagens longas, mas elas serão sempre determinadas por assuntos profissionais e nunca por prazer.

Os afastamentos, mesmo por breve tempo, poderão trazer alguns aborrecimentos a esses nativos que, durante sua ausência, poderão sofrer ataques de seus inimigos, poderão ser prejudicados em seu trabalho pela ação de invejosos ou, ainda, poderão ser vítimas de roubo ou traição de empregados ou subalternos.

Profissões

Inteligência não é privilégio de nenhum tipo astrológico; é dom divino e todas as criaturas a recebem. Apenas, as tendências naturais, o meio onde cresceu, a educação recebida ou, eventualmente, alguma condição mórbida dos centros transmissores ou receptores dessa maravilhosa e inimitável máquina que é o cérebro, é que podem fazer com que as pessoas demonstrem possuir esse dom divino em maior ou menor grau.

O aquariano, com aspectos favoráveis, possui uma mente extremamente ágil e brilhante. O ecletismo, a capacidade de síntese e o senso do detalhe, a compreensão da forma, da cor, do ritmo e do som, a facilidade para lidar com as palavras, seja escrevendo ou falando, a objetividade, o raciocínio profundo, a lógica e a memória, fazem com que ele tanto possa se dedicar às atividades intelectuais como às artísticas ou científicas. Advogados, médicos, engenheiros, pesquisadores de toda a classe, desde biólogos até astrofísicos, filósofos, economistas, sociólogos, romancistas, biógrafos, historiadores, autores teatrais, músicos, pintores, escultores, autores e produtores de cinema e televisão, desenhistas, poliglotas, professores, publicitários, jornalistas, especialistas em aeronáutica, astronáutica, cibernética, eletrônica, eletricidade, motores, pesquisas atômicas, enfim, todos aqueles que exercem atividades onde seja necessário unir à inteligência todas as características acima descritas, de objetividade, lógica, etc., podem nascer neste signo e ver seu trabalho compensado pela fama, pela fortuna e pelo prestígio. Também em atividades mais modestas podemos encontrar os aquarianos, mas sempre como participantes das profissões já indicadas ou, então, atuando em todas aquelas que, além do trabalho manual, exigem, também, o poder mental. Por seu método, paciência, constância e amor à perfeição, esses nativos são auxiliares esplêndidos e põem em seu trabalho todo o seu esforço e toda a sua dedicação.

A criatura humana é sempre tema fascinante de estudo para aqueles que nascem em signos aéreos. Os aquarianos, místicos, mas ao mesmo tempo racionalistas, tanto podem ser excelentes parapsicólogos como psicanalistas, psicólogos, psiquiatras, etc. Podem, pelas mesmas qualidades místicas e racionalistas, dedicar-se com grande sucesso aos estudos ocultos, principalmente à Astrologia e ao estudo da fisionomia, em que, por sua intuição, aliada à mentalidade objetiva e progressista, liberam essas ciências de suas características de superstição e procuram bases científicas para apoiá-las. Protegidos por Urano, o planeta da Inteligência superior, e por Saturno, o planeta da Razão, todo o aquariano que quiser desenvolver suas qualidades naturais poderá ser criatura sempre útil à humanidade e poderá realizar todas as promessas de vitória existentes no seu signo.

Síntese

Como já dissemos, quanto mais poderosas forem as influências de um signo, mais atribulada e trabalhosa será a vida de seus nativos. À semelhança do que ocorre com alguns outros tipos astrológicos, também muito independentes, a vida dos aquarianos poderá ser um pouco mais difícil do que a da maioria, porque eles sempre procurarão resolver seus problemas sozinhos, jamais se refugiarão no mundo dos sonhos e nem se submeterão passivamente às circunstâncias.

Mesmo aquele que tiver um modesto início de vida poderá acalentar as aspirações mais ousadas, pois as estrelas de Aquário o ajudarão a realizá-las mas, também, mesmo aquele que nascer em berço afortunado e receber, além da riqueza, um nome prestigioso, jamais terá uma vida calma ou inútil, pois criar, transformar, definir, realizar, aperfeiçoar, utilizar e, ao mesmo tempo, estabelecer as relações entre o humano e o divino, o material e o espiritual, são as funções dos aquarianos e as induções principais de Aquário, o signo da Evolução e do Universalismo.

A CRIANÇA DE AQUÁRIO

As crianças possuem dentro de si um universo infinito, onde existem, em potência, todas as melodias, todas as obras de arte, todas as realizações científicas e todos os gestos de amor mais sublime, mas, também, todas as sementes de ódio e destruição. Elas nascem, crescem, tornam-se adultas, definem e materializam suas imagens interiores, e a maior parte das vezes os adultos que as criaram é que são os responsáveis pela positividade ou negatividade dessas imagens.

O elemento ar dá, aos que nascem sob sua influência, uma natureza extremamente receptiva e absorvente. O signo de Aquário, principalmente em virtude da presença de Urano, cujos raios atingem especialmente o cérebro e o sistema nervoso, faz com que seus nativos, desde pequeninos, demonstrem extrema sensibilidade. Não raro, a criança de Aquário, além de ser extremamente afetada pelo ambiente onde vive e por todos os que a rodeiam, também tem visão e audição paranormal, cessando esse fenômeno quando chega à puberdade. Freqüentemente, também, é vítima de sonhos e pesadelos, onde mistura o real com o irreal, sendo que este último, para ela, é tão palpável e material quanto a bola com que brinca ou sua boneca predileta.

O pequenino aquariano geralmente é tranqüilo, embora alegre e travesso como devem ser todas as crianças. É extremamente curioso e é capaz de ficar sentado, ouvindo uma conversa ou observando os adultos, por tempo mais longo do que o que seria lógico esperar na sua idade. Tem imenso orgulho e grande consciência de si mesmo desde cedo, não se devendo nunca castigá-lo ou repreendê-lo severamente na presença de estranhos ou de seus companheiros de brinquedo. Às vezes se isola e brinca longo tempo sozinho, mas não se deve cultivar essa tendência porque o aquariano já é naturalmente inclinado ao isolamento; deve-se sempre fazer com que brinque em conjunto e tenha muitos amiguinhos para que mais tarde não fuja à vida em sociedade. Não se deve conter suas expansões, mas, sim, acostumá-lo a extravasar suas emoções, principalmente a alegria e a dor, a fim de que, quando adulto, não se envergonhe de chorar ou não transforme seu riso em sorriso, apenas.

A criança deste signo gosta de fazer tudo quanto vê os adultos fazerem. Também não se deve refreá-la nisso porque sua mente, muito plástica e receptiva, é desde cedo avassalada pelo desejo de aprender. Apesar de sua inteligência viva e ágil, ela poucas vezes se revela como criança prodígio, imitando os exemplos dos pequeninos aquarianos Mozart e Niura, a inimitável Ana Pavlova que aos dez anos entrou para a Escola Imperial de *Ballet* de São Petersburgo, porque aos seis descobriu que nascera para dançar e que seria a maior bailarina do mundo. Não se deve, portanto, fechar nenhuma porta, nenhum caminho, à criança de Aquário, porque ela, desde pequena, já começa a procurar, instintivamente, sua verdadeira vocação. Cabe a seus pais ou responsáveis fornecerem todas as oportunidades para que ela possa se definir mais cedo e, mais cedo, possa iniciar sua carreira vitoriosa. É preciso cuidado, também, com o que se fala e o que se diz diante dela e jamais, diante de algo mais ou menos grave, dizer-lhe: — Você fez isto! Você é a culpada! — pois os nativos dos signos que formam a Cruz do Mundo, Touro, Leão, Escorpião e Aquário, podem arrastar a vida inteira um complexo de culpa adquirido na infância, que será o suficiente para inibi-los nas horas em que mais necessitarão ter o subconsciente livre de todo o lastro negativo.

A saúde do pequenino aquariano normalmente é boa, embora seja delicada. Este signo pode determinar extrema sensibilidade e as crianças nascidas em Aquário estarão sujeitas às reações alérgicas de toda espécie, desde as afecções da pele até as bronquites e resfriados. Em virtude do exílio do Sol, estes nativos têm grande necessidade de luz solar, muito ar puro, bastante exercício e, naturalmente sob rigoroso controle médico, um suprimento extra de vitaminas, principalmente B, ao lado de uma alimentação sadia, devendo ser especialmente combatida a leve tendência à anemia que geralmente acompanha a infância de todo aquariano.

O TRIÂNGULO DE AR

O elemento ar se manifesta em três signos: GÊMEOS — LIBRA — AQUÁRIO. Sua polaridade é masculina, sua vibração é expansiva, penetrante, transformadora e magnética. Sua essência, naturalmente, é única, mas em cada um desses três signos ela sofre modificações, de acordo com as seguintes influências:

- situação zodiacal do signo, como Casa *angular, sucedente* ou *cadente*, na qual se manifestará como o agente que impulsiona, que realiza ou que aplica;
- sua correspondência com as leis cósmicas de equilíbrio, em conformidade com as três modalidades de ritmo: *impulso, estabilidade* e *mutabilidade*.

De acordo com a vibração própria de cada signo é fácil saber se o nativo irá viver e agir norteado por suas emoções, por suas sensações ou por seu raciocínio. Isto nos é revelado pela palavra-chave de cada signo. Na triplicidade do ar, as palavras-chave são as seguintes: Gêmeos, INTELIGÊNCIA — Libra, HUMANISMO — Aquário, UNIVERSALISMO. Unindo-se essas palavras às determinações proporcionadas pela colocação do signo dentro do zodíaco e por sua modalidade rítmica podemos, então, definir de modo mais completo o triângulo de ar.

Gêmeos	{ Aplicação / Sensação / Mutabilidade }	Inteligência
Libra	{ Ação / Emoção / Impulso }	Humanismo
Aquário	{ Realização / Razão / Estabilidade }	Universalismo

O ar, como elemento comum a esses três signos, liga-os intimamente, e o aquariano, além da influência de Aquário e de seu regente, Urano, recebe, também, as vibrações de Gêmeos e Libra e seus respectivos regentes, Mercúrio e Vênus. Os nativos de Aquário absorvem, então, as irradiações desses signos e planetas de acordo com a data do seu nascimento. Urano domina sobre todo o signo do Aguadeiro mas tem força especial durante os primeiros dez dias; Mercúrio tem influência participante nos dez dias seguintes e Vênus colabora na regência dos dez dias finais. Dessa forma, os aquarianos se dividem em três tipos distintos, que são os seguintes:

Tipo AQUARIANO–URANIANO
nascido entre 21 e 29 de janeiro

Tipo AQUARIANO–MERCURIANO
nascido entre 30 de janeiro e 8 de fevereiro

Tipo AQUARIANO–VENUSIANO
nascido entre 9 e 19 de fevereiro

Em todos os dias que integram o período que vai de 21 de janeiro a 19 de fevereiro, a influência do elemento ar é extremamente poderosa. Durante esse período, Aquário é a constelação que se levanta com o Sol, ao amanhecer: oito horas mais tarde, Gêmeos surge no horizonte e decorrido igual espaço de tempo chega a vez de Libra. Dividindo-se, então, o dia em três períodos iguais, vemos que os três tipos aquarianos se transformam em nove, mediante a combinação da hora e da data do nascimento. Estudando bem esses nove tipos ou nove faces de Aquário, podemos interpretar com mais acerto a estranha e atraente personalidade dos aquarianos.

AS NOVE FACES DE AQUÁRIO

Tipo Aquariano–Uraniano

Data de nascimento: entre 21 e 29 de janeiro
Qualidades: Inteligência, criação, realização
Vícios: perversão, falta de afeto, espírito de destruição

Hora natal: entre 6h e 13h59m

Todos os que nascem nos primeiros dez dias de cada signo e no primeiro período de oito horas desses mesmos dez dias recebem, com mais força que os demais nativos, as induções fundamentais de seu signo e de seu planeta regente. Os aquarianos aqui nascidos são extremamente inteligentes, unem a razão à intuição, o idealismo à objetividade e sua mente é flexível, absorvente e ágil. São não-convencionais, independentes e determinados, não imitam ninguém, não se submetem às ordens ou normas e têm uma personalidade original e atraente. Alguns possuem a cordialidade e amabilidade próprias dos signos aéreos, mas outros são excessivamente reservados e retraídos, possuindo forte tendência para o isolamento.

Estes tipos, quando positivo, são de extraordinário valor, mas quando negativos são egoístas, inafetivos e perversos.

Hora natal: entre 14h e 21h59m

Os aquarianos que nascem neste momento cósmico são menos calmos e concentrados que os do período anterior. Sua mente é muito ágil e suas qualidades de inteligência são as mesmas oferecidas a todos os nativos deste signo, mas sua excessiva sensibilidade nervosa às vezes determina certa instabilidade em seu comportamento e quando não fazem aquilo que os agrada sentem-se deprimidos, angustiados e infelizes. Têm habilidade não só para criar e organizar como também para complementar ou aperfeiçoar aquilo que outros criaram. São teimosos e determinados como, aliás, todos os aquarianos, mas têm maior facilidade para adaptar-se às criaturas ou circunstâncias.

Estes tipos de Aquário, quando inferiores, têm a prejudicial qualidade de perverter tudo aquilo que tocam, mas quando positivos podem realizar grandes obras.

Hora natal: entre 22h e 5h59m

Os nativos deste período são mais sensíveis do que os que pertencem aos dois períodos anteriores. Essa sensibilidade tanto pode ser psíquica, fazendo com que sintam antipatia ou repulsa por pessoas, objetos ou ambientes, como também pode se manifestar em suas criações e em todos os seus trabalhos.

Retos, justos e equilibrados, estes aquarianos costumam possuir um gênio mais cordato do que aquele que Aquário geralmente dá aos seus nativos. Neles também é muito grande o desejo de cooperar e estão sempre prontos a colaborar em tudo o que possa trazer utilidade aos seus semelhantes. Construtivos, inteligentes e extremamente hábeis, são donos das qualidades de criação e organização sempre proporcionadas por este signo; eles têm também, quando inferiores, uma ação muito maléfica, porque atraem e fascinam com sua personalidade original, para depois destruir ou perverter.

Tipo Aquariano–Mercuriano

Data de nascimento: entre 30 de janeiro e 8 de fevereiro
Qualidades: intelectualidade, inteligência, realização
Vícios: indiferença, egoísmo, espírito de destruição

Hora natal: entre 6h e 13h59m

Os obstáculos, humanos ou materiais, e tudo o que possa limitar ou restringir exasperam estes aquarianos, que são extremamente independentes e obstinados. Isto, às vezes, os torna menos construtivos do que os demais nativos do Aguadeiro pois, em sua ânsia de liberdade, às vezes destroem ou se opõem a coisas que lhes seriam úteis. Este período pode determinar instabilidade emocional e volitiva, proporcionando alternativas de entusiasmo e depressão, atividade e inércia.

Aquário é um signo de realização e os aquarianos que quiserem aproveitar ao máximo as elevadas qualidades nele contidas deverão sempre dominar todas as manifestações de desânimo, atonia ou timidez. Se não o fizerem, estas crises irão acontecendo com freqüência cada vez maior e no fim se instalarão definitivamente, tirando-lhes todas as possibilidades de vitória.

Hora natal: entre 14h e 21h59m

Os nativos deste período podem possuir rara capacidade artística; os aquarianos preferem criar a interpretar, mas alguns de seus nativos, deste momento cósmico, podem ter habilidades interpretativas muito pronunciadas. Demonstram mais os seus sentimentos, são muito afetivos e também são menos indiferentes à crítica ou à censura. Os nativos de Aquário geralmente agem sem se importar com a opinião alheia, mas apreciam a aprovação e se magoam quando são esquecidos ou desprezados por aqueles a quem amam.

Às vezes neste período acontece uma neutralização de forças e estes aquarianos, embora tenham uma intensa atividade mental, não têm a mesma força de realização que seus irmãos de signo. Unir a beleza à utilidade é um dos ideais destes nativos que sempre procuram dar o máximo de perfeição às coisas que fazem.

Hora natal: entre 22h e 5h59m

Este momento cósmico determina o nascimento de aquarianos de natureza muito inquieta. Embora exteriormente sejam calmos, mentalmente são dotados de extrema mobilidade. Sua inteligência é viva, eclética, capacitando-os não só a entender e assimilar com rapidez como, também, a dedicar-se a várias atividades, simultaneamente. De conformidade com as induções naturais de Aquário, são rebeldes e independentes, mas também são flexíveis e hábeis e assim, embora às vezes tenhamos a impressão de que se adaptam à vontade das outras pessoas, na verdade as outras pessoas é que vão se adaptando à vontade deles.

Estes nativos, quando usam sua inteligência em sentido negativo, têm muita habilidade para enganar o próximo e embora a desonestidade não seja vício comum a Aquário, é preciso cautela no lidar com eles.

Tipo Aquariano–Venusiano

Data de nascimento: entre 9 e 19 de fevereiro
Qualidades: inteligência, criação, imaginação
Vícios: inércia, perversão, frieza emocional

Hora natal: entre 6h e 13h59m

Os aquarianos nascidos neste período têm uma personalidade bastante semelhante à dos librianos. São amáveis, sabem ser muito gentis quando isso se faz necessário, aparentemente são muito cordatos mas interiormente são indomáveis e à sua maneira pacífica sempre acabam fazendo todas as coisas do modo que mais lhes agrada. Os nativos deste terceiro decanato amam intensamente tudo quanto é belo e além de extrema habilidade manual têm, também, grande inteligência e sensibilidade; assim, tudo o que fazem é bem-feito, funcional e diferente, possuindo o toque de originalidade que a maioria dos filhos de Aquário dá às suas realizações.

Todos os que pertencem a estes últimos dez dias de Aquário podem ser muito comodistas. Os signos aéreos determinam aversão ao esforço físico, mas em seus tipos negativos essa aversão se transforma em pronunciada preguiça.

Hora natal: entre 14h e 21h59m

Este momento cósmico determina o nascimento de aquarianos muito mais sociáveis, gentis, alegres e comunicativos do que os demais nativos do Aguadeiro. Sensíveis e intuitivos, eles são fortemente dominados por suas impressões psíquicas de simpatia ou repulsa. Afastam-se das pessoas cuja proximidade não lhes é agradável e só procuram a companhia daqueles por quem sentem afinidade. Externam mais os seus sentimentos, são profundamente afetivos e não hesitam em sacrificar todos os seus sonhos em benefício de uma criatura amada.

Os tipos inferiores desse período são preguiçosos, moralmente perversos e geralmente toda a maravilhosa energia mental que Urano proporciona é desviada para a função sexual. Já os seus tipos superiores são criaturas de alta espiritualidade, pois as qualidades naturais de Aquário aqui se encontram sublimadas por fortes raios venusianos.

Hora natal: entre 22h e 5h59m

Neste período nascem aquarianos muito atraentes, de maneiras e hábitos muito particulares e de grande fluência e habilidade no falar. Ecléticos, curiosos, móveis e sensíveis, podem obter sucesso em todas as atividades artísticas ou intelectuais e seu raciocínio rápido e poderoso lhes dá a faculdade de entender, assimilar, explicar, transmitir e interpretar.

Estes dias que vão de 9 a 19 de fevereiro tornam seus nativos mais comunicativos e sociáveis do que geralmente são os nativos de Aquário; os aquarianos que nascem nesse período gostam da companhia humana, do ruído e do movimento, embora também procurem se isolar em determinadas ocasiões, principalmente quando têm problemas importantes para resolver. Os tipos inferiores deste momento cósmico são extremamente frios e egoístas.

AQUÁRIO E O ZODÍACO

Harmonias e desarmonias no plano das relações de amizade, de amor e de negócios entre os nascidos em Aquário e os nascidos nos outros signos.

Nenhum ser humano vive protegido por uma campânula de vidro, livre do contato direto com seus semelhantes. No lar, na convivência com amigos, ou no trato dos negócios estamos constantemente interagindo com inúmeras pessoas; algumas nos agradam porque têm um temperamento igual ao nosso ou porque nossas predileções são idênticas; outras não nos são simpáticas porque representam o oposto do que somos ou do que desejaríamos ser. Devemos aprender a conhecer nossos irmãos zodiacais e a apreciar suas qualidades. Observando-os poderemos, então, saber se aquilo que neles existe e que nos parece ruim, talvez seja melhor do que o que existe em nós. Assim, o que seria motivo para antagonismos passa a atuar como fator de complementação e aperfeiçoamento.

Dentro da imensidão de estrelas que povoam a galáxia chamada Via Láctea, nosso Sol é um modesto astro de quinta grandeza, que se desloca vertiginosamente rumo a um ponto ignorado do Universo, carregando consigo seus pequeninos planetas e respectivos satélites; dentro, porém, do conceito igualitário do Criador, esse diminuto Sol e a insignificante Terra, com seus ainda mais insignificantes habitantes, têm uma importância tão grande quanto o incomensurável conjunto de nebulosas e seus bilhões de estrelas.

Somos átomos de pó, comparados com as galáxias e as estrelas, mas cada um de nós é um indivíduo que vive e luta. Para nós, nossos próprios desejos, aspirações, predileções, antipatias e simpatias, têm uma magnitude infinita. Temos de enfrentar problemas dos quais dependem nossa felicidade e nosso sucesso e para resolvê-los precisamos, quase sempre, de entrar em contato com muitas outras pessoas nascidas em signos diferentes do nosso.

Amor, amizade e negócios são os três ângulos que nos obrigam à convivência com outros tipos astrológicos. Analisando-os, estudaremos o intelectual signo de Aquário em relação aos demais setores do zodíaco. Conhecendo as qualidades positivas e negativas dos nativos dos outros signos, o aquariano poderá encontrar a melhor fórmula para uma vivência feliz, harmoniosa e produtiva.

AQUÁRIO–ÁRIES. Aquário é um signo que inclina ao amor universal. Isto quer dizer que, do mesmo modo que os piscianos, cujo signo também induz ao amor universal, e da mesma forma que os librianos, cuja palavra-chave é *Humanismo*, os aquarianos podem harmonizar-se com todos os tipos astrológicos. Ao se aproximar de qualquer criatura, o aquariano quer apenas saber se ela é útil e se não faz mal aos seus semelhantes; por seu estranho código de ética, admite que o indivíduo tenha todos os defeitos desde que não contamine os que o rodeiam e desde que esteja cumprindo aquilo para o que veio destinado. Assim como não procura dominar, também não admite que ninguém o domine e tanto pode conviver com criaturas passivas como com tipos de natureza prepotente e violenta, sem fazer dos primeiros seus escravos e sem ter sua personalidade anulada pelos segundos.

Áries é um signo de fogo, de ritmo impulsivo, de induções poderosas, vibrantes e violentas e de maravilhosa ação criadora. Seu regente é Marte, que se hostiliza violentamente com Urano, o senhor de Aquário. A função do ariano superior é a de impulsionar, criar e dinamizar, atuando, portanto, como um agente de evolução, como o aquariano. É, todavia, extremamente dominador e gosta que todos sigam suas idéias e obedeçam suas ordens; quando negativo, é egoísta, prepotente e frio.

O ariano está sempre disposto a auxiliar os que dele necessitam. É muito autoritário e altivo e quem necessitar de sua ajuda deve pedir com respeito mas sem temor, pois Áries detesta os fracos e covardes.

Amor — Dissemos acima que o aquariano se harmoniza com todos os tipos astrológicos, mas é importante salientar que na convivência íntima e diária, onde ele é obrigado a pautar sua vida pelos desejos e atitudes de outra criatura, essa harmonização já é muito mais difícil. No matrimônio, principalmente, o estabelecimento de uma vivência pacífica entre arianos e aquarianos é muito problemático; isto só acontecerá quando o nativo de Áries souber compreender e respeitar a personalidade de seu cônjuge do Aguadeiro e entre ambos se estabelecer um entendimento mental ou espiritual tão grande quanto o material.

O nativo de Áries é naturalmente dominador, dinâmico e ciumento e, quando negativo, tem uma personalidade muito desagradável. O tema astrológico de Aquário às vezes promete separação e quando se unir a um ariano menos evoluído o aquariano, fatalmente, dele se separará.

Amizade — Nos aspectos referentes às relações fraternas entre aquarianos e arianos as possibilidades de uma convivência harmoniosa e agradável são muito mais evidentes do que no matrimônio. No zodíaco fixo, solar, Aquário governa a Casa dos amigos e para seus nativos jamais faltarão companheiros dedicados, sinceros e fraternos, entre eles o impulsivo e ardoroso ariano.

O nativo de Áries é entusiasta e comunicativo e sente forte necessidade de exteriorizar seus pensamentos e emoções; como o aquariano está sempre disposto a ouvir, a estimular e a cooperar, com a condição de que não o obriguem a fazer nada além do que deseja, entre estes dois tipos astrológicos poderão acontecer amizades muito agradáveis. A afinidade será maior quando o aquariano tiver nascido entre 9 e 19 de fevereiro, período governado por Vênus, que se harmoniza bem com Marte, o regente de Áries.

Negócios — O ariano às vezes é idealista, às vezes é prático mas, em qualquer dos casos, é sempre muito inconstante. Sua mente se agita entre mil projetos e com freqüência não realiza nenhum deles até o final, a não ser quando tem ao seu lado alguém capaz de dar-lhe um pouco de firmeza e de ensiná-lo a centralizar sua atenção num só objetivo. Entre tipos superiores destes signos, as possibilidades de êxito nos negócios são imensas, principalmente quando estão ligados à Arte, às Pesquisas Científicas, à Eletrônica, à Mecânica, à Engenharia ou à Indústria. O aquariano emprestará firmeza ao ariano, mas este o ensinará a ser menos modesto e reservado e, assim, estas associações poderão trazer fama e fortuna a ambos.

O nativo de Aquário não admite que o dominem, mas o ariano gosta de comandar e dirigir; isto poderá determinar choque entre ambos, levando à ruptura da sociedade ou de qualquer negócio que ambos tenham em comum.

AQUÁRIO–TOURO. A vibração dos signos de terra é muito diversa da dos signos aéreos, mas entre Touro e Aquário existe um ideal comum: construir e realizar. Em oposição à energia expansiva do elemento ar, a terra representa uma força de cristalização e repressão e suas vibrações dominam sobre a forma e a estrutura. O mundo do taurino é todo feito de realizações e ele, apesar de sua inteligência altamente desenvolvida, não tem a elasticidade mental do aquariano, que é capaz de seguir, intelectualmente, vários caminhos simultâneos. Touro proporciona visão unilateral e seus nativos concentram suas forças num só objetivo, e sua mente ou é absolutamente racional ou é absolutamente metafísica, não sendo capaz de viver em dois planos, o real e o imaginativo, ao mesmo tempo. Ativo, trabalhador, enérgico, ambicioso, tenaz e extremamente objetivo, o taurino é um elemento construtivo e útil. Afetivo, dedicado, carinhoso, sensível e sociável, ele, quando evoluído, é uma das criaturas mais agradáveis do zodíaco; quando negativo é teimoso, rancoroso, obstinado, avaro, ou então frio, sensual e desonesto.

Vênus é o regente de Touro e suas vibrações não se harmonizam com Urano, o senhor do Aguadeiro. Embora possa existir grande afinidade mental e espiritual entre esses dois tipos astrológicos, a convivência material entre ambos poderá não ser muito harmoniosa.

O taurino é generoso, fraterno, compreensivo e jamais nega seu auxílio a quem quer que seja. Os tipos negativos de Touro são sensuais, desonestos e utilitários e geralmente tiram mais do que dão.

Amor — No amor, taurinos e aquarianos só serão felizes quando existir muito amor e compreensão entre ambos. O aquariano é inimigo da regularidade, da rotina e de tudo quanto é estático. O nativo de Touro já ama essas coisas porque elas lhe trazem paz e tranqüilidade, indispensáveis à sua natureza, avessa a tudo o que é perturbador. Entre marido e mulher essas tendências naturalmente prejudicarão a boa harmonia, e assim o matrimônio entre estes nativos nunca será muito harmonioso.

Com freqüência, o signo de Aquário determina estranha vida amorosa ou marca mais de um casamento ou união e sempre que o aquariano unir sua vida a um taurino inferior, ou pouco compreensivo, o casamento terminará em separação amigável ou judicial. Os aspectos mais favoráveis para o matrimônio acontecerão quando o aquariano tiver sua data natal entre 9 e 19 de fevereiro, decanato que é regido por Vênus, que também rege Touro.

Amizade — Nas relações de amizade, as possibilidades de harmonização entre taurinos e aquarianos são muito maiores. O aquariano, com sua maneira muito particular de encarar as criaturas, sempre sabe admirar as qualidades dos que convivem com ele e não condena os defeitos de ninguém, desde que não seja prejudicado ou perturbado por eles. Na amizade o taurino não é tão possessivo quanto no amor e assim, entre ambos, poderão estabelecer-se relações profundas e agradáveis.

O aquariano é um bom conhecedor da natureza humana, mas, às vezes, falha em seus julgamentos. Em suas relações com os taurinos, deverá evitar os elementos negativos, pois, por interferência deles, poderá ver sua felicidade doméstica prejudicada ou então poderá se indispor com seus pais ou irmãos. Deverá evitar especialmente dos taurinos nascidos entre 10 e 20 de maio; este período é dominado por Saturno, que tem muita afinidade com Aquário, mas é violentamente hostil a Urano.

Negócios — Nas associações comerciais, aquarianos e taurinos deverão ter grande identidade de objetivos para que tenham êxito em suas empresas. Os nativos de Touro são práticos, utilitários, apreciam o dinheiro e tudo o que fazem tem sempre um fim lucrativo, existindo pouco de idealismo em sua natureza concretizadora e ambiciosa. Os nativos do Aguadeiro, em oposição, amam mais a obra do que o lucro e preferem sempre fazer aquilo que lhes traz satisfação íntima, mesmo que não ofereça grande compensação financeira. Escolhendo uma atividade favorável a ambos os signos e sendo guiados pelas mesmas intenções, aquarianos e taurinos poderão conseguir sucesso e fortuna, desde que evitem os desentendimentos pessoais.

Para os negócios, os melhores aspectos se verificam quando os aquarianos se associam a taurinos nascidos entre 30 de abril e 9 de maio, período governado por Mercúrio. Cuidado, porém, com esses nativos que, quando inferiores, são intrigantes e desonestos.

AQUÁRIO–GÊMEOS. Existe sempre bastante afinidade entre nativos de signos pertencentes ao mesmo elemento. Gêmeos e Aquário são signos de ar, sendo que o primeiro tem a regência de Mercúrio, o irmão cósmico de Urano, com quem se entende muito bem.

Aquário é um signo fixo, de tendências estáveis, enquanto Gêmeos, possuindo uma constante rítmica mutável, é inquieto, volúvel, inconstante e evasivo, como o mercúrio, metal que corresponde ao seu regente. O geminiano, da mesma forma que o aquariano, é muito independente e gosta de viver a seu modo. Não tem, contudo, as mesmas características de rebeldia do aquariano e nem é capaz de agir à sua maneira; plástico e extremamente inteligente, adapta-se às mais variadas situações e embora também deteste cadeias ou limitações, em vez de destruí-las, como o aquariano, passa tranqüilamente por baixo delas.

A convivência entre aquarianos e geminianos será das mais agradáveis, mas a afinidade entre ambos será mais mental e espiritual do que material. Como Urano e Mercúrio são planetas que sensibilizam o cérebro e dinamizam a inteligência, quando se unirem tipos superiores de Aquário e Gêmeos poderão realizar obras maravilhosas. Quando se juntarem elementos negativos, os resultados serão extremamente maléficos, para eles e para seus semelhantes.

O geminiano oscila entre o afeto e a indiferença, e o egoísmo e a generosidade; quem precisar de sua ajuda deve pedir no momento certo, caso contrário dificilmente será atendido.

Amor — Gêmeos é um signo de natureza dupla e proporciona grande instabilidade emocional aos seus nativos, que ora são sociáveis ora retraídos, às vezes se mostram superdinâmicos e outras vezes inertes e sofrem alternâncias de entusiasmo e depressão. Alguns geminianos, de natureza menos evoluída, são também muito inconstantes em suas afeições e não observam grande fidelidade conjugal. Para que haja felicidade no casamento entre nativos destes dois signos ambos terão que se querer muito e, sobretudo, ambos terão que ter um caráter positivo. Como os geminianos e os aquarianos têm, em seu destino, a promessa de mais de um casamento, o matrimônio poderá terminar em separação, nem sempre muito agradável.

Os matrimônios mais harmoniosos acontecem quando se unem nativos de Gêmeos nascidos entre 30 de maio e 8 de junho e aquarianos que têm sua data natal entre 9 e 19 de fevereiro; estes dois períodos são regidos por Vênus, que é o planeta do amor.

Amizade — Os aspectos referentes às relações fraternas entre nativos do Aguadeiro e de Gêmeos são bastante harmoniosos. O geminiano sente mais necessidade de um amigo sincero do que de viver um sério romance de amor. Impelido pela natureza cósmica de seu signo, que é duplo, ele precisa de alguém que o complemente, mais no plano mental e espiritual do que no plano físico. Como o aquariano costuma ser amigo sincero, e sabe compreender muito bem os seus semelhantes, o geminiano encontrará prazer e conforto na sua companhia.

Urano e Mercúrio têm muita afinidade e o entendimento entre aquarianos e geminianos será maior quando nascerem em decanatos que têm a regência destes dois planetas. Estes decanatos são os seguintes: em Aquário, os que vão de 21 a 29 de janeiro e de 30 de janeiro a 9 de fevereiro e, em Gêmeos, os que vão de 21 a 29 de maio e de 9 a 20 de junho.

Negócios — Mercúrio, o regente de Gêmeos, proporciona extraordinária habilidade comercial e dá aos seus nativos grande facilidade para lidar com o público. Dá-lhes, também, uma intuição rara para descobrir bons negócios mas, em compensação, torna-os inconstantes e volúveis. Quando o geminiano não é muito positivo, costuma encetar uma atividade com grande entusiasmo mas pouco depois já está encantado com outra e perde o interesse pela primeira. Quando o aquariano fizer algum negócio com essa espécie de geminiano, acabará arcando sozinho com todos os trabalhos e responsabilidades, pois não é de seu feitio abandonar qualquer empresa.

Quando os nativos de Gêmeos são de natureza inferior, é preciso cuidado ao lidar com eles. O signo de Gêmeos proporciona muita inteligência, mas seus tipos negativos são desonestos, trapaceiros, intrigantes e maliciosos e poderão trazer, ao aquariano, graves prejuízos morais e financeiros.

AQUÁRIO–CÂNCER. O Caranguejo é um signo de água e seu regente é a Lua, que proporciona intuição, emotividade, imaginação criadora e inspiração, e domina sobre o instinto gregário, humano e animal e sobre a geração e a multiplicação das espécies.

Os nativos dos signos de água têm uma personalidade muito interessante. Aparentemente são instáveis, indecisos e passivos, mas interiormente são tenazes, decididos e insubmissos, podendo sua natureza ser comparada à do mar, com sua superfície crespa, móvel, permanentemente agitada por ondas que jamais cessam e seus abismos sombrios, calmos e silenciosos. Os cancerianos são muito afetivos, sociáveis, generosos e fraternos. São, também, profundamente conservadores e respeitam tudo quanto diz respeito à religião, à lei e à ordem. Câncer é o signo que domina sobre a mais importante das instituições sociais, a família, e os cancerianos vivem por seus descendentes e jamais deixam de reverenciar seus antepassados.

Os nativos do Caranguejo não aprovam as idéias e atitudes dos aquarianos, pois elas abalam as estruturas onde repousam a segurança de sua família e a boa ordem social. A despeito disso, entre estes dois tipos astrológicos pode estabelecer-se grande afinidade, pois o canceriano evoluído admite, embora contra a vontade, a necessidade da ação renovadora e progressista do aquariano.

Os cancerianos são muito fraternos e estão sempre prontos para auxiliar o próximo. Pode-se ter certeza de que tudo farão para atender um pedido, desde que este não interfira em sua vida particular.

Amor — Quando um aquariano casar com um nativo de Câncer, de natureza firme e positiva, ambos poderão ter uma vida muito feliz e produtiva. O filho do Aguadeiro é muito constante em suas afeições, o mesmo acontecendo com o canceriano. Este, porém, é possessivo, absorvente e ciumento e ambos terão de se querer muito para equilibrar as tendências de domínio afetivo do nativo de Câncer, que envolve e abafa com seu carinho a necessidade de liberdade de ação e de pensamento que sente o aquariano.

É necessário cuidado nestes casamentos, pois elementos de educação ou posição social inferior poderão causar graves danos à felicidade destes nativos, seja por meio de intrigas, seja por interferência direta em sua vida íntima. Para os aquarianos nascidos entre 21 e 29 de janeiro, qualquer união com um canceriano só será feliz se este for uma criatura superior e educada.

Amizade — No terreno das relações fraternas, as possibilidades oferecidas para os nativos de Câncer e Aquário são muito favoráveis. Sentindo pelo aquariano apenas amizade e não tendo o receio de que ele possa influir em sua vida doméstica ou alterar seus hábitos, o canceriano se sentirá mais à vontade para admirar as qualidades do nativo do Aguadeiro. Essas amizades poderão trazer muita satisfação ao aquariano que terá, no nativo do Caranguejo, um companheiro dedicado e sincero; é bom saber, contudo, que o canceriano é profundamente sensitivo e o aquariano deverá tratá-lo muito bem, se não quiser perder sua amizade.

Assim como os cancerianos positivos são generosos, leais, carinhosos e extremamente gentis, quando negativos eles são traiçoeiros, desleais, mesquinhos e maliciosos. Os aquarianos devem evitá-los principalmente quando, além de negativos, são de educação ou condição social inferior.

Negócios — Mercúrio geralmente costuma ser considerado habilíssimo comerciante, mas a Lua, regente de Câncer, às vezes é muito mais hábil do que ele. Os aquarianos, com toda a sua vivacidade mental, não são bons negociantes e devem aproveitar a proteção lunar que os cancerianos recebem e com eles aprender a ganhar dinheiro com facilidade.

Estes dois tipos astrológicos, para ter sucesso em seus empreendimentos, deverão escolher uma atividade favorável ao Caranguejo e ao Aguadeiro e também a Urano e à Lua, seus dois regentes. Deverá, ainda, o aquariano, associar-se somente aos cancerianos de vontade firme e natureza ambiciosa e positiva, pois certos nativos de Câncer, a despeito de toda a sua inteligência e habilidade, são tímidos, passivos, um pouco comodistas e um tanto retrógrados em seus conceitos. Os aquarianos nascidos entre 30 de janeiro e 8 de fevereiro são os que melhores negócios poderão fazer com os cancerianos.

AQUÁRIO–LEÃO. Leão é um signo de fogo e suas vibrações são extremamente benéficas. O Sol é seu regente e as induções de ambos, combinadas, determinam alegria, majestade, vitalidade, arte, generosidade, e dinamizam extraordinariamente o corpo físico, dando ao leonino uma aparência extremamente simpática e um poderoso magnetismo.

Enquanto Aquário é o signo do futuro, o Leão simboliza o presente. Tem um ritmo fixo, tal como o Aguadeiro, mas seus nativos não têm a mesma ação calma, determinada e inflexível dos aquarianos. Devido à influência do elemento fogo, cuja vibração é intensa, os leoninos são entusiastas, ardentes, exuberantes em todas as suas atitudes, nada sabem fazer com moderação e vivem prodigamente cada minuto que passa, sem pensar nos minutos que virão depois e sem economizar coisa alguma, dinheiro, saúde ou afeição.

O leonino é amável, sociável, carinhoso e comunicativo e seus piores fantasmas são a dor e a solidão. Ama a beleza, a arte, o luxo e o conforto e quando se vê condenado a uma vida modesta costuma sofrer bastante. Gosta de incentivar todos aqueles em quem descobre algum valor e é, também, muito orgulhoso, altivo, possessivo e dominador. Além de que Sol e Urano são incompatíveis, Aquário é o signo onde o Sol se põe, marcando o anoitecer do zodíaco. Entre leoninos e aquarianos poderá existir grande harmonia espiritual, mas o leonino sempre temerá ser obscurecido pelo nativo de Aquário.

O nativo de Leão é generoso e sente prazer em auxiliar os que dele precisam. Note-se, porém, que só os que agem com correção conseguem seu apoio, pois este signo determina repulsa pela fraude e pela mentira.

Amor — O amor, quando acontece entre leoninos e aquarianos superiores, poderá conduzir à maior felicidade, pois Leão, no céu astrológico solar dos nativos de Aquário, ocupa a Casa correspondente às associações e ao matrimônio. Estes casamentos não são premiados com grande descendência, mas os filhos que porventura deles nascerem serão muito inteligentes e sensíveis. Quando o aquariano se unir a um leonino inferior terá uma vida atribulada e mesmo que se separe do cônjuge sempre será incomodado por ele.

Os que nascem no primeiro decanato de Aquário, que vai de 21 a 29 de janeiro, só serão felizes quando, como já dissemos, derem sua afeição a um leonino de natureza superior. Já os aquarianos nascidos nos outros vinte dias do signo têm maiores possibilidades de uma vida conjugal harmoniosa principalmente se sua data natal estiver entre 9 e 19 de fevereiro, período que tem a regência de Vênus, que se harmoniza bem com o Sol.

Amizade — Leão e Aquário tornam seus nativos muito independentes, obrigando-os a fugir de todos os laços e compromissos e a preservar o máximo de sua liberdade, física e mental. Por esse motivo, as amizades entre leoninos e aquarianos oferecem probabilidades muito mais favoráveis do que o casamento. Ambos são inteligentes, possuem tanto o poder de criar como o de realizar e estão cosmicamente unidos, em virtude de Leão representar, para Aquário, a Casa das associações; assim, a amizade entre ambos poderá conduzir a alguma forma de sociedade que, mesmo não trazendo grandes lucros, seguramente trará muita alegria e prestígio.

Os aquarianos devem evitar os leoninos negativos, que têm uma natureza completamente oposta à do tipo superior de Leão; são mesquinhos, intrigantes, pouco sinceros e poderão trazer grandes prejuízos morais e financeiros ao nativo de Aquário.

Negócios — Os aquarianos poderão ter excepcional êxito nos negócios que realizarem com os leoninos, desde que saibam associar-se a criaturas positivas. Deverão, contudo, ensinar seu sócio a ser prudente, pois o nativo de Leão, que tem muita sorte para ganhar dinheiro, costuma gastá-lo exageradamente, nada fazendo com economia ou moderação.

Para que os empreendimentos tenham sucesso imediato, estes nativos deverão escolher uma atividade favorável a Leão e a Aquário e também a seus senhores, Sol e Urano. O signo de Leão dá extrema popularidade aos seus nativos mas também lhes dá excessiva boa-fé, devendo o aquariano impedir que seu sócio se deixe levar pela generosidade ou iludir por pessoas pouco escrupulosas. Nestas associações, as promessas mais favoráveis são para os aquarianos nascidos entre 30 de janeiro e 8 de fevereiro; este decanato recebe a influência participante de Mercúrio, que se harmoniza bem com o Sol.

AQUÁRIO–VIRGEM. O elemento terra, por sua força coesiva, e por sua tendência a repelir toda e qualquer transformação, com exceção daquelas que têm causas naturais ou são de processamento muito lento, não se harmoniza muito com os signos ígneos e aéreos. Comunga ainda menos com Aquário, que favorece as revoluções e as transformações violentas e sob cuja influência o progresso é sempre rápido. Virgem, contudo, é um signo científico e seu regente é o ágil e brilhante Mercúrio, que em seus domínios tem suas irradiações diminuídas em intensidade mas aumentadas em profundidade; é por esta regência de Mercúrio que aquarianos e virginianos poderão ter forte afinidade, principalmente mental, ou seja, quando ambos se dedicarem a atividades intelectuais, científicas ou artísticas.

Os virginianos são prudentes, inteligentes, concentrados e reservados e sua natureza se assemelha bastante à dos aquarianos, inclusive na inclinação para a modéstia, a simplicidade e a frugalidade. O nativo de Aquário se harmoniza bem com estes nativos, não só pela identidade de temperamento como, também, por apreciar seu caráter, que é límpido, reto e leal. É bom saber que se o nativo de Virgem, quando evoluído, é um dos melhores e mais produtivos tipos zodiacais, quando negativo é um dos piores, devendo o aquariano evitar sua companhia se não quiser ser muito prejudicado.

Os virginianos acham que amparar o próximo é um dever moral. Quem precisar de seu auxílio, todavia, deve pedir sem arrogância, pois Virgem gosta de auxiliar os fracos mas não aprecia os orgulhosos.

Amor — Os casamentos ou uniões entre aquarianos e virginianos só serão felizes e produtivos quando ambos os nativos se quiserem muito e souberem corrigir seus defeitos, pelo menos aqueles que podem impedir que ambos convivam pacificamente.

O signo de Virgem indica, para alguns de seus nativos, a possibilidade de dois casamentos, sendo o primeiro desfeito por separação ou morte do cônjuge. Quando um aquariano se unir a um virginiano inferior, parte da indicação se cumprirá, pois a separação será inevitável. O nativo de Virgem, quando negativo, é traiçoeiro, intrigante e vingativo e o aquariano provavelmente se verá perseguido pelo cônjuge, mesmo depois de se separar dele.

Quando os aquarianos tiverem sua data natal entre 21 e 29 de janeiro, pouca felicidade poderão esperar num matrimônio com virginianos, se estes não forem do mesmo nível social e intelectual.

Amizade — Nos aspectos observados entre Aquário e os demais signos, é nas relações fraternas que se encontram as promessas de maior harmonia, o que é fácil de entender, visto o Aguadeiro ocupar, no zodíaco astrológico fixo, o setor referente à Casa dos amigos.

Isto se observa também em relação ao signo de Virgem, e entre aquarianos e virginianos poderão acontecer amizades profundas, agradáveis e úteis. Note-se, porém, que isto só se dará quando o virginiano tiver a mesma natureza e o mesmo nível intelectual e espiritual do Aguadeiro, pois em caso oposto a harmonia entre ambos será impossível.

Os virginianos negativos, principalmente quando tiverem uma posição social inferior à do nativo de Aquário, poderão causar-lhe grandes prejuízos, não só morais como financeiros, havendo possibilidade de que o aquariano veja sua vida familiar perturbada e até mesmo desfeita por eles.

Negócios — Os nativos de Virgem tanto podem ser passivos e comodistas, como podem ser objetivos, ambiciosos e realizadores. Os primeiros geralmente passam pela vida sem realizar muita coisa útil, mas os outros tanto podem demonstrar brilhantes aptidões científicas, artísticas ou literárias, destacando-se extraordinariamente nessas atividades, como podem ser comerciantes de grande visão.

Associando-se a estes tipos objetivos e realizadores, os nativos de Aquário poderão ter grande sucesso;

é bom lembrar que, em virtude da diferença existente entre ar e terra, nem todas as profissões de Virgem convêm ao aquariano e vice-versa. Para que o êxito seja certo, deve ser escolhida uma atividade favorável a ambos os signos e aos seus regentes.

Nestes negócios, é importante o aquariano associar-se somente aos virginianos positivos; Mercúrio dá grande inteligência aos seus protegidos que, quando inferiores, são excepcionalmente desonestos.

AQUÁRIO–LIBRA. Entre os signos do mesmo elemento sempre existe pronunciada afinidade espiritual e mental, mesmo quando as possibilidades de uma convivência harmoniosa, material, entre seus nativos, são remotas. Assim como Aquário, Libra é um signo de ar. Sua influência é muito importante, pois marca o centro do zodíaco e abre o ciclo dos seis signos finais. Sob sua irradiação o homem deixa de viver sob o domínio do *eu* e passa a existir em função do *nós*. É o signo das associações e tem a função de integrar o homem na sociedade, obrigando-o a partilhar seus interesses com outros, a apoiar seus semelhantes e neles procurar apoio para suas realizações, a somar sua força com outras forças a fim de criar um poder maior; rege, portanto, todas as formas de união, desde a mais primitiva, que é a união entre o homem e a mulher, até a mais elevada ou a mais utilitária.

Os nativos de Libra são inteligentes, amáveis, afetivos e sociáveis. Como suas vibrações determinam justiça, generosidade, fraternidade e humanismo, os librianos, da mesma forma que os aquarianos, procuram entender todos os seus semelhantes. A diferença entre esses dois tipos astrológicos é que o libriano procura, além de entender, fazer-se entendido por todos, ao passo que os nativos do Aguadeiro vivem e trabalham sem se importar se têm ou não a compreensão alheia.

O nativo de Libra é bondoso e imparcial mas sente pronunciada indiferença pelos problemas alheios quando eles são conseqüência de erros; assim, seu auxílio só será dado quando o pedido for muito justo.

Amor — O libriano aprecia a ordem, a paz, o conforto, a beleza e o requinte. Às vezes sente necessidade de se isolar, mas gosta de ter alguém sempre ao alcance de sua voz e aprecia a vida social, a música, a dança, a arte e a literatura. Já o aquariano é mentalmente organizado, mas materialmente indiferente à ordem. É amante da arte e da beleza, é simples em seus hábitos e raramente aprecia a vida social. Nenhum destes dois tipos astrológicos quer ser dominado e ambos têm uma vontade de aço; apenas o libriano é mais político na escolha dos meios para conseguir seus objetivos ao passo que o aquariano é mais direto e age sem dar satisfações dos seus atos.

Para existir harmonia nestes matrimônios, é necessário que ambos os nativos tenham o mesmo nível intelectual e a mesma elevação espiritual, a fim de que possam eliminar as pequenas diferenças de temperamento que poderiam obstar sua felicidade.

Amizade — Desde que aquarianos e librianos tenham as mesmas qualidades intelectuais e morais, é no setor das relações fraternas que maior harmonia poderá ser observada entre ambos.

Sendo um signo associativo, cujas vibrações sempre procuram reunir as criaturas em torno de um objetivo, Libra faz com que seus nativos tenham a tendência de procurar uma utilização prática para suas habilidades e também para as habilidades daqueles que com eles convivem. Assim, como acontece em seu encontro com muitos tipos astrológicos, o libriano poderá propor uma sociedade ao seu amigo de Aquário; esta associação, seja com finalidades intelectuais ou comerciais, embora possa não trazer grande lucro, trará muita satisfação.

O regente de Libra é Vênus, que não se harmoniza muito com Urano. Os raios venusianos, quando negativos, tornam seus nativos sensuais e depravados, e o aquariano deverá evitá-los se não quiser ter muitos aborrecimentos.

Negócios — Libra e Aquário são signos de poder mental. Seus nativos são muito inteligentes e quando se dedicam a tarefas compatíveis com suas tendências comuns conseguem sucesso e fortuna com muita facilidade. A Balança também pode determinar forte inclinação para uma vida de comodidade, prazer e luxo, o que em negócios não costuma trazer bons resultados, e é necessário que o aquariano procure sempre associar-se a librianos dinâmicos, positivos e ambiciosos.

Em qualquer associação entre estes tipos astrológicos, o resultado será sempre mais favorável quando ambos se unirem para explorar negócios relacionados com atividades intelectuais ou artísticas. Estes empreendimentos serão muito prósperos e poderão ocasionar longas viagens ao exterior; noutros casos, librianos e aquarianos farão grandes negócios com firmas ou capitais estrangeiros.

AQUÁRIO–ESCORPIÃO. O Escorpião é um signo de natureza frio-úmida e pertence ao elemento água, mas é dominado por Marte, um planeta ígneo, quente e elétrico, o que determina que ele seja um signo de estranhos contrastes; em virtude disto, Escorpião difere bastante dos outros dois signos de água, Câncer e Peixes, e apresenta aspectos violentos e intensos.

Os que nascem sob a proteção do elemento água são sonhadores, cordatos, afetivos, imaginativos e místicos, mas os escorpianos fogem a essa regra e são agressivos, entusiastas, insubmissos, coléricos e agressivos. A tendência da água é sempre passiva e seus nativos não transgridem leis ou ordens e sua ação é sempre benéfica, construtiva e conservadora. Em Escorpião, a presença de Marte traz um sopro de rebeldia e os que nascem em seus domínios são abalados por tendências contraditórias, pois parte de sua natureza se inclina à conservação e à ordem ao passo que a outra parte os torna adeptos da evolução e das transformações.

As vibrações de Escorpião refletem fortemente a influência marcial e determinam forte desejo de poder e domínio, tornando o escorpiano absorvente, exigente e dominador. Os nativos de Aquário não admitem qualquer forma de sujeição e assim só conviverão bem com os escorpianos quando estes não tentarem submetê-los à sua vontade.

O nativo de Escorpião, além de intuitivo é sagaz. Quem precisar de sua ajuda deverá falar-lhe com absoluta sinceridade; aí, mesmo que o pedido não seja justo, o escorpiano o atenderá.

Amor — Escorpião e Aquário são signos que pertencem à Cruz do Mundo e por esse motivo escorpianos e aquarianos poderão dedicar sua vida tanto a um ideal como a uma criatura. Ambos, também, são signos de ritmo fixo e isto torna seus nativos obstinados, constantes e determinados em suas ações, pensamentos e afeições. Um matrimônio entre escorpianos e aquarianos positivos será uma catedral, cujos fundamentos nada conseguirá abalar. Em oposição, quando o nativo do Aguadeiro se unir a um escorpiano menos evoluído, o casamento terá curta duração.

Qualquer união amorosa com um nativo de Escorpião terá papel importante no destino do nativo de Aquário. Casando-se com alguém de cultura e moral igual à sua, o aquariano terá uma vida feliz e afortunada; unindo-se a um tipo menos evoluído, além de separar-se do cônjuge, ainda poderá ter sua saúde prejudicada e sua posição social abalada.

Amizade — Quando as relações fraternas entre aquarianos e escorpianos tiverem uma finalidade maior do que a simples troca de visitas, elas serão agradáveis, profundas e duradouras. Também aqui é necessário que o nativo de Escorpião, que gosta de impor suas idéias e seus hábitos, não procure dominar o rebelde aquariano, pois, caso isso aconteça, mesmo existindo forte afinidade entre ambos, a amizade poderá terminar abruptamente.

Os aquarianos que maiores possibilidades têm de uma convivência harmoniosa com os escorpianos são os nascidos entre 9 e 19 de fevereiro, decanato que tem a regência participante de Vênus, que se dá muito bem com Marte, o senhor de Escorpião. Estes aquarianos, e todos os demais nativos do Aguadeiro, devem fugir dos escorpianos negativos, que são sensuais, perversos, destrutivos e violentos e poderão causar-lhes graves males.

Negócios — O escorpiano tem uma inteligência brilhante e é extremamente sagaz. Possui a mesma laboriosidade, a mesma vontade inflexível do aquariano e quando resolve levar uma empresa a cabo só se detém quando a vê terminada. Tem esplêndidas aptidões, podendo não só criar, organizar e dirigir como, ainda, complementar e aperfeiçoar o trabalho dos demais. Associando-se a ele o aquariano terá um esplêndido colaborador e ambos, juntos, poderão realizar os mais audaciosos empreendimentos.

Também nos negócios é prudente lembrar que os escorpianos têm um temperamento bastante oposto ao dos aquarianos e qualquer choque entre ambos poderá fazer com que os negócios sejam desagradavelmente interrompidos. Ao lidar com eles, o nativo de Aquário deverá ter cuidado com os papéis e documentos, pois Marte, não dando muita sorte com eles, faz com que os escorpianos sempre tenham receio de ser enganados.

AQUÁRIO–SAGITÁRIO. O signo do Centauro é o setor zodiacal onde o elemento fogo encontra sua expressão mais elevada. Ele representa a ordem, o poder e o direito e é a força que classifica e agrupa as coisas e criaturas, criando castas, hierarquias, códigos e leis. Por sua influência, o indivíduo cria uma organização social, em que vive separado em classes e regido por determinadas normas, indispensáveis à tranqüilidade e ao progresso. Também sob sua influência, a fé se transforma em religião, com seu ritual, seus dogmas e sua função mais política do que mística. Aquário, o agitador do zodíaco, tem a tendência de destruir todas as realizações do Centauro, nivelando castas, destruindo fronteiras geográficas ou sociais e fazendo a fé se despir do dogma. A despeito disso, Sagitário admite sua ação transformadora pois é um signo de alta intelectualidade e sabe que qualquer estrutura tem caráter transitório e que sempre existe outra melhor para ser posta em seu lugar.

Júpiter é o regente do Centauro e suas vibrações não se harmonizam com as de Urano. Sua influência é intensamente benéfica e torna os sagitarianos generosos, magnânimos, joviais, fraternos e humanitários. Torna-os, também, altivos, orgulhosos e inclinados a comandar e dominar todos aqueles que o cercam. Como acontece no confronto com os demais tipos astrológicos, o aquariano se harmonizará com ele tanto no plano mental como no espiritual, mas a convivência material poderá ser bastante difícil.

O sagitariano é generoso, mas gosta de ser tratado com consideração e quem precisar de um favor seu deve saber como pedi-lo.

Amor — As criaturas nascidas sob as estrelas de Sagitário são carinhosas, dedicadas, amorosas, ciumentas e absorventes e também muito sensuais, dando grande valor a todas as coisas que trazem conforto e prazer ao corpo. Certos sagitarianos são um tanto inconstantes em suas afeições. Como o Centauro é um signo duplo, eles tanto poderão manter dupla vida amorosa como também poderão ter, ao lado do casamento, uma série de aventuras passageiras.

Unindo-se a um sagitariano superior, o aquariano poderá ser extremamente feliz, pois terá no cônjuge não só um amante como um companheiro; quando acontecer o contrário, isto é, quando sua afeição for dada a uma criatura inferior, o matrimônio forçosamente terminará em separação.

Os aspectos mais favoráveis para o casamento se observam nos aquarianos nascidos entre 9 e 19 de fevereiro; este decanato tem a regência participante de Vênus, que se harmoniza bem com Júpiter.

Amizade — Também entre Sagitário e Aquário a amizade é a forma de relação que oferece melhores possibilidades para seus nativos. Entre os sagitarianos, o aquariano poderá ter companheiros de grande valor moral, intelectual ou espiritual, que o ajudarão a concretizar seus ideais. O signo do Centauro faz com que seus nativos ocupem altas posições no mundo social, político ou financeiro, ou tenham facilidade para travar relações com pessoas de importância e, por meio deles, os aquarianos poderão obter valiosa ajuda para seus empreendimentos.

Os nativos de Aquário que mais se harmonizam com os sagitarianos são os nascidos entre 9 e 19 de fevereiro. Às vezes, estes aquarianos, pela regência de Vênus, têm uma vontade mais débil do que a dos demais e nesse caso será prudente evitar a companhia dos sagitarianos negativos, que são materialistas ao extremo e poderão conduzi-los a uma vida irregular.

Negócios — O sagitariano é muito inteligente, possui intenso magnetismo e tem uma personalidade atraente e simpática. A despeito de todas essas qualidades, nem sempre é bom comerciante, deixando-se levar por sua boa-fé e sendo freqüentemente enganado por pessoas pouco escrupulosas. O aquariano, por sua vez, costuma dar mais valor à obra do que ao lucro e também não é um negociante dos mais brilhantes. Quando estes dois tipos astrológicos se unirem para qualquer negócio será indispensável que se tornem mais práticos e maliciosos se quiserem obter fortuna em suas empresas.

Para que o êxito seja certo, aquarianos e sagitarianos deverão procurar uma atividade que seja favorecida pelo Centauro e pelo Aguadeiro e também por seus regentes, Júpiter e Urano. Nestas associações, os papéis e documentos deverão ser cuidadosamente investigados, para que não venham trazer aborrecimentos para os sócios.

AQUÁRIO–CAPRICÓRNIO. O signo de Capricórnio pertence ao elemento terra, mas sua figura simbólica é anfíbia, sendo representada por uma estranha criatura com corpo de peixe e tronco caprino, o que indica a estreita ligação deste signo ao mundo material, ao mundo terrestre. Por ser um signo de terra, domina sobre a forma e a estrutura e sua influência limita, cristaliza e estabiliza, opondo-se à energia expansiva de Aquário e à sua ação transformadora.

A Cabra Marinha é o trono zodiacal de Saturno, o planeta que inclina ao silêncio, à simplicidade, à solidez e às ações de caráter permanente; as primeiras induções saturninas coincidem com as de Aquário, mas não a última, pois no Aguadeiro nada é permanente, mas tudo está em constante processo de transformação e aperfeiçoamento, ou seja, de evolução.

Estas oposições determinam forte antagonismo entre Capricórnio e Aquário mas não entre Aquário e a Cabra Marinha, devido a que Saturno tem grande afinidade com o signo do Aguadeiro. Para definir melhor, os aquarianos entendem bem o trabalho e a utilidade dos capricornianos, que agem sob a vibração saturnina; estes, porém, não entendem e não se adaptam aos aquarianos. Os tipos positivos de Capricórnio são muito elevados, mas os inferiores são extremamente perigosos, destrutivos, vingativos e cruéis.

O capricorniano é muito justo, mas não se comove facilmente. Quem precisar do seu auxílio, além de pedir ajuda à sua boa estrela para consegui-lo, deverá estar realmente necessitado.

Amor — O capricorniano é tranqüilo, concentrado, inteligente e reservado. Mesmo quando pertence ao tipo superior, é pouco comunicativo e não costuma demonstrar seus sentimentos. Quando pertence ao tipo negativo é indiferente, desapaixonado e muito egoísta, não dando a menor importância aos que o rodeiam, amigos ou parentes. Casando-se com um dos primeiros, o aquariano poderá ser feliz, embora não deva esperar filhos desse matrimônio, pois Aquário e Capricórnio não são signos fecundos.

Casando-se com um capricorniano inferior, o nativo de Aquário terá muitos aborrecimentos. Mesmo que se separe do cônjuge será sempre perseguido por ele e será prejudicado por suas intrigas e calúnias, que não lhe permitirão viver em paz com qualquer pessoa com quem porventura venha a se unir.

O casamento entre nativos do Aguadeiro e da Cabra Marinha sempre sofrerá o perigo de ser abalado ou destruído por intrigas ou acontecimentos misteriosos.

Amizade — Capricornianos e aquarianos são muito firmes e quando dão sua amizade a alguém dão-na para sempre, sem reservas ou restrições. É aqui, no plano das relações fraternas, que estes dois nativos se entendem melhor porque não estão amarrados por laços ou obrigações.

Sempre que existir um interesse intelectual ou espiritual, estas relações serão muito mais duradouras e profundas, pois tanto os nativos de Aquário como os de Capricórnio não costumam perder muito tempo fazendo visitinhas com puras finalidades sociais.

Os aquarianos sentirão maior afinidade pelos capricornianos nascidos entre 22 e 30 de dezembro e entre 10 e 20 de janeiro, que recebem, respectivamente, as influências de Saturno e Mercúrio. É bom lembrar que todo o cuidado é pouco com os elementos negativos de Capricórnio; eles são inimigos perigosos e amigos ainda piores, pois agem por meio da traição e da calúnia.

Negócios — O aquariano não sabe viver ociosamente. Sua natureza é ativa, inquieta e curiosa e é raro o trabalho que ele não faz bem-feito ou a atividade onde não se destaca. O capricorniano também não gosta de perder um só minuto do seu tempo. É mais centralizado, costuma dedicar seus esforços a uma só tarefa mas é dono de uma espantosa capacidade de trabalho e de um imenso poder realizador. Quando estes dois tipos astrológicos se associam para explorar qualquer negócio, as possibilidades de êxito são imensas, prometendo não só fortuna como prestígio.

Os aquarianos nascidos entre 9 e 19 de fevereiro não terão muita sorte nos negócios feitos com nativos de Capricórnio, principalmente quando estes tiverem sua data natal entre 22 e 30 de dezembro, primeiro decanato da Cabra Marinha. Para os demais nativos de Aquário, as possibilidades são excelentes, desde que se unam a capricornianos positivos.

AQUÁRIO–AQUÁRIO. Entre nativos do mesmo signo tanto pode-se observar uma perfeita comunhão, física, mental ou espiritual, como uma violenta hostilidade, mais forte ainda do que a existente entre tipos pertencentes a signos de naturezas antagônicas.

À imitação do que acontece com os nativos dos demais setores do zodíaco, os aquarianos só se darão bem com seus irmãos de signo quando tiverem uma natureza superior e as virtudes ultrapassarem os vícios. A harmonia também será maior entre os nativos dos decanatos que têm a mesma regência ou cujos regentes têm vibrações afins. Desse modo, os aquarianos que têm sua data natal entre 21 e 29 de janeiro conviverão bem entre si mas só se harmonizarão completamente com os nascidos entre 30 de janeiro e 8 de fevereiro. Os nascidos entre estes dias, 30 de janeiro e 8 de fevereiro, conviverão bem entre si, terão afinidade com os nativos do último decanato do Aguadeiro, que vai de 9 a 19 de fevereiro, mas hostilizarão bastante os que tiverem sua data natal nos primeiros dez dias deste signo.

Os que pertencem ao decanato final, possuindo uma natureza bastante flexível, poderão harmonizar-se com todos os seus irmãos de signo. É bom lembrar que quando os nativos têm uma evolução maior, a comunhão é sempre possível, mesmo a despeito da hostilidade entre os regentes dos decanatos.

O aquariano não se comove facilmente mas sabe ser generoso. Quem necessitar de sua ajuda logo será atendido; o difícil será chegar até ele pois Aquário torna seus nativos retraídos e pouco sociáveis.

Amor — Para o filho do Aguadeiro, o amor não significa, apenas, a pura satisfação sexual, mas, também, compreensão mútua, ideais comuns e afinidade mental e espiritual. Unindo seu destino a uma criatura de evolução igual ou superior à sua, qualquer aquariano poderá ser feliz no casamento, mas se escolher um tipo inferior, o matrimônio terá pouca duração.

Estes casamentos não prometem muitos filhos em virtude de Aquário ser um signo de fecundidade diminuta, só se verificando descendência mais numerosa quando um dos cônjuges, principalmente a mulher, tem outros aspectos planetários favoráveis em seu céu astrológico natal.

Os nativos do mesmo decanato têm naturezas mais afins e a união entre eles poderá ser bastante feliz. Os que pertencem aos dias que vão de 9 a 19 de fevereiro, tendo a regência participante de Vênus, que é um planeta bastante fecundo, poderão ter mais filhos do que os demais nativos de Aquário.

Amizade — Aquário, no zodíaco fixo solar, governa a Casa dos amigos e a amizade entre aquarianos de igual evolução costuma ser das mais profundas, sinceras e duradouras. Como Aquário é um signo que participa da Cruz do Mundo, seus nativos têm um desenvolvido instinto de cooperação e todo o aquariano que tem menor habilidade, ou menos instrução, nunca hesita em se por à inteira disposição daquele que é mais capacitado, a fim de ajudá-lo a realizar seu trabalho, tendo nisso satisfação igual à que teria se a obra fosse somente sua.

Mesmo na convivência com seus irmãos de signo, os aquarianos devem evitar os tipos negativos. A identidade de vibrações pode determinar uma receptividade maior para aqueles que têm vontade mais débil, fazendo com que se contaminem com os vícios dos outros. Entre os aquarianos inferiores, os piores são os nascidos entre 21 e 29 de janeiro, que são extremamente frios e perversos.

Negócios — Como já foi sobejamente analisado, o aquariano, apesar de sua inteligência, não costuma proclamar suas virtudes, não gosta de se empenhar em lutas por dinheiro e às vezes é bastante tímido. Essas características não ajudam a fazer os bons negociantes e o que sempre se verifica é que os aquarianos, embora possa ter grande satisfação pessoal, tem uma compensação financeira muito pequena, em relação à qualidade do seu trabalho. Quando, porém, ele resolve valorizar seus esforços, resolve competir em busca de maiores lucros e deixa sua timidez de lado, seu êxito é sempre certo e rápido.

Entre elementos ambiciosos, dinâmicos e realizadores, esta associação poderá ser das mais afortunadas, prometendo muito sucesso e muito dinheiro. Quando ela acontecer entre aquarianos mais modestos e idealistas, sem grande ambição ou senso prático, ela nunca traz compensação.

AQUÁRIO–PEIXES. Peixes fecha o místico círculo zodiacal, ocupando a décima segunda Casa do zodíaco astrológico. Governa os inimigos ocultos, as tradições, as prisões, os exílios e também os males de origem oculta ou extraterrena. É, também, um signo de elevadas vibrações, conduzindo à abnegação, ao messianismo, ao sacrifício e à fraternidade universal.

Tendo como símbolo dois peixes e pertencendo ao elemento água, Peixes tem como regente o senhor dos oceanos, Netuno, cujas vibrações não encontram afinidade com as de Urano. Embora possuindo naturezas diversas e pertencendo a elementos diferentes, Aquário e Peixes cosmicamente se harmonizam, pois ambos são signos universais e dominam exclusivamente a criatura humana. Aquário é um signo de Evolução e seu trabalho, conjugado com o dos demais setores zodiacais, é preparar a humanidade para receber as superiores vibrações de Peixes, que são elevadas demais para que os homens da atualidade possam senti-las completamente. Quando isto acontecer, não existirão diferenças sociais ou raciais, os jardins não terão cercas, os países não terão fronteiras e todos viverão como irmãos. Enquanto não chega esse momento, Aquário vai executando seu trabalho de evolução e Peixes vai patrocinando o nascimento de criaturas emotivas, bondosas e idealistas, de desenvolvida inteligência e alta sensibilidade.

O pisciano nunca nega um favor. Quem quiser sua ajuda, seja ela necessária ou não, terá apenas que contar-lhe uma história comovente para ver seu pedido prontamente atendido.

Amor — O pisciano, quando ama, costuma se entregar de corpo e alma. É carinhoso, dedicado, gentil e sensível, mas também costuma ser ciumento, exigente e muito absorvente. Os tipos superiores de Peixes têm a mais desenvolvida capacidade de compreensão e colaboração e o aquariano, unindo-se a um deles, terá o cônjuge ideal, que saberá fechar os olhos aos seus defeitos e admirar suas virtudes.

É preciso que o aquariano escolha bem o seu cônjuge de Peixes, pois os tipos negativos deste signo têm a tendência de anular sua própria personalidade, demonstrando extraordinária passividade e seguindo qualquer caminho, bom ou mau, desde que sejam impelidos por qualquer vontade mais forte do que a sua. Os tipos inferiores de Peixes são ainda mais perigosos: ou são tagarelas, maliciosos e intrigantes, ou se inclinam para a bebida, os tóxicos ou para a perversão sexual.

Amizade — O pisciano é um dos melhores amigos do zodíaco e está sempre pronto a dar tudo sem exigir nada em troca. Jamais falha, seja nos momentos alegres, seja nas horas difíceis e tanto oferece o seu apoio moral como a sua ajuda financeira. As relações fraternas estabelecidas com os tipos positivos de Peixes trarão muita satisfação ao aquariano, que neles encontrará receptividade e compreensão para suas idéias.

Os nativos de Aquário que mais se harmonizam com os piscianos são os que têm sua data natal entre 9 e 19 de fevereiro pois este período tem a regência participante de Vênus, que é a irmã cósmica de Netuno, da mesma forma que Mercúrio o é de Urano. É sempre bom lembrar o que já foi dito sobre os piscianos negativos: sua influência é perniciosa, tem a característica do veneno lento e os aquarianos que não tiverem cautela poderão ver sua felicidade e sua fortuna arruinadas por eles.

Negócios — Quase todos os piscianos são mais idealistas do que práticos, vivem num mundo de dimensões vagas e fogem a tudo quanto é concreto ou real. Alguns deles, contudo, são objetivos e ambiciosos e sabem lutar pelas conquistas materiais com grande determinação e vigor. Associando-se a eles o aquariano poderá conseguir riqueza e prestígio pois Peixes, no horóscopo natal, solar, dos filhos do Aguadeiro, ocupa a Casa das riquezas materiais.

É importante que seja escolhida uma atividade favorável a Peixes, ao Aguadeiro e aos seus regentes, pois do contrário a sociedade terá um progresso muito lento. É também muito importante selecionar os empregados que porventura tiverem de ser contratados, pois os aquarianos poderão ser traídos por eles que, através de intrigas e calúnias, procurarão afastar estes nativos de seus associados de Peixes.

URANO, O REGENTE DE AQUÁRIO

Urano, o atual regente de Aquário, foi descoberto em 1781, quando, no peito de milhões de franceses oprimidos, famintos, desesperados, pisados pelas botas caras de alguns poucos aristocratas e governados por um rei bem-intencionado, porém fraco e mal dirigido, palpitava o desejo de acabar com os privilégios daqueles poucos que ocupavam o poder e tornar todos os homens iguais, desejo que explodiu violentamente em 1789, com a revolução.

Urano se fez sentir, desde o início, em sua principal função, que é a de provocar as transformações violentas e inesperadas, nivelar as classes, destruir os dogmas e dar a cada criatura o seu valor individual. As vibrações uranianas abalam e aniquilam tudo quanto é estático ou obsoleto e criam novas formas, funcionais, harmônicas e elevadas. Sob sua influência tudo é novo, diferente, original, e foge aos padrões e normas comuns e suas vibrações não despertam ódio e nem amor, pois sua natureza é fria, analítica, concentrada e objetiva.

Em virtude de suas tendências também inovadoras e progressistas, Aquário ofereceu a Urano o campo cósmico ideal para que pudesse executar o seu trabalho, e são as vibrações desse planeta, somadas às do Aguadeiro, que fazem do aquariano um dos tipos mais particulares do zodíaco; às vezes, também, por sua influência, estes nativos são condenados a uma vida de solidão e isolamento, sem encontrar quem entenda suas aspirações. Sem roubar o sentido do detalhe, Urano inclina à generalização e faz com que o aquariano seja mais universalista do que individualista, mais cidadão do mundo do que patriota. Dá a seus protegidos a insatisfação constante, a ânsia de liberdade e o desejo de perfeição, mas pode, também, torná-los excessivamente técnicos, demasiadamente científicos ou racionais tirando-lhes todo o calor humano. Por indução do Aguadeiro os aquarianos podem amar profundamente, mas por determinação deste planeta podem separar-se, sem lágrimas ou saudade, das criaturas mais amadas.

Agindo poderosamente sobre o cérebro, as vibrações uranianas dão aos aquarianos o sentido cósmico tanto individual como universal. Para estes nativos tudo tem um valor intenso, uma vida própria e, sem fugir à harmonia do conjunto, cada detalhe se transforma num universo de sons, cores, formas e ritmos, como acontece com os fenômenos alucinatórios proporcionados pela mescalina. Proporcionam o poder de assimilar os conhecimentos e dão a mais desenvolvida capacidade de absorção, podendo o aquariano entender de mil assuntos, aprender várias línguas ou exercer múltiplas atividades. Todas as tarefas em que o raciocínio, o poder de criar, a dedução, a lógica e a análise tenham de ser utilizados, agradam aos nativos de Aquário, devido a que Urano os obriga a manter suas células cerebrais em constante atividade e lhes dá uma intensa energia mental que deve ser usada de qualquer modo.

O aquariano, ocupando cargos modestos ou posições elevadas, tem sempre uma função intelectual. Com palavras, números ou fórmulas, ele transforma o mundo, às vezes beneficamente, às vezes maleficamente, seja criando algum medicamento novo, seja inventando um explosivo de poder mais mortífero, mas sempre criando e caminhando para a frente. É por isso que as conquistas aeronáuticas e eletrônicas estão sob sua regência desde o *Demoiselle* e o *14-Bis* até o supersônico *Concorde* e desde o cristal de Galena até o mais moderno cérebro eletrônico. Também é o senhor da era espacial e é por sua influência universal que o homem sente o inquieto desejo de fugir da terra para os espaços infinitos, para descobrir novos mundos e talvez, até, encontrar novos irmãos. Governando a eletricidade, o movimento mecânico e os explosivos, pode dar ao homem um poder imenso para a guerra ou para a paz, para construir ou destruir, pois suas forças, de tão alta utilidade, quando negativas, são extremamente maléficas justamente por sua qualidade fria.

Não se deve esquecer que Aquário tem extrema afinidade com Saturno, possuindo muitas de suas qualidades. É por esse motivo que os aquarianos tanto estão capacitados para todas as realizações de caráter concreto e objetivo e sejam racionais e práticos mas, ao mesmo tempo, sejam extremamente intuitivos e sintam forte inclinação para tudo quanto transcende a matéria, desde as pesquisas puramente espiritualistas até as parapsicológicas, e desde a metafísica até os estudos herméticos, notadamente a Astrologia. As vibrações do Aguadeiro, dando aos seus nativos o poder de analisar, julgar e escolher, também lhes dão a responsabilidade de procurar seus próprios caminhos e o aquariano jamais deverá lançar em ombros alheios o peso de seus erros. Dando-lhes, ainda, a qualidade eclética que quase sempre acompanha o elemento ar, faz com que possam exercer uma profissão favorecida por qualquer signo, desde que ela não esteja presa à dor, à tristeza, à sombra, à morte, ao trabalho braçal, aos lugares pouco ventilados, ruidosos ou movimentados.

Os aquarianos nascidos entre 21 e 29 de janeiro são os que mais fortemente apresentam as características próprias de Urano e também de Saturno. Podem conseguir sucesso em qualquer atividade patrocinada por seu regente e também nas atividades favorecidas por Saturno, fora aquelas que lidam com a terra, os mortos, a dor, a sombra, a miséria e a tristeza.

Aqueles que têm sua data natal entre 30 de janeiro e 8 de fevereiro recebem as induções de Urano mas já não sofrem a influência saturnina com a mesma intensidade dos nativos do momento anterior; as irradiações de Saturno perdem toda a sua intensidade neste decanato, como se este austero planeta fugisse ante a sensitiva e cálida vibração de Vênus, que participa da regência desses dez dias.

Já os que nascem entre 9 e 19 de fevereiro, além da proteção de Mercúrio, regente participante deste decanato, também absorvem as qualidades saturninas e uranianas, pois Mercúrio não as modifica e se sente tão à vontade nos domínios do Aguadeiro como em seu próprio trono zodiacal, Gêmeos, e tem por Saturno a mesma afinidade que tem com Urano.

Os aquarianos, portanto, recebem uma soma de influências verdadeiramente notáveis, que pode proporcionar-lhes as mais valiosas qualidades e pode fazer deles criaturas de valor inestimável, como um Pasteur, uma Elizabeth Blackwell, um Thomas Edison, um Abraham Lincoln ou um Galileu Galilei, aquarianos que souberam tão bem aproveitar os inestimáveis dons recebidos das estrelas de sua constelação. É bom não esquecer, contudo, que Urano e Saturno são planetas considerados maléficos e sua poderosa influência, quando negativa, contém uma tremenda força de destruição, talvez só equivalente à de Plutão, o planeta da Era Atômica.

O simbolismo das cores

A Urano correspondem o cinza e as cores mescladas, que são também de Mercúrio e, ainda, o negro, que é a cor de Saturno; por pertencerem a estes planetas, estas cores também têm correspondência com Aquário e favorecem os aquarianos.

O negro é uma cor depressiva, jamais devendo ser usada com exagero ou por prolongado tempo. Traz visões de morte e aniquilação porque simboliza o Nada, sendo sempre necessário quebrar qualquer vestuário desse tom com um detalhe de outra cor, seja ela alegre ou sóbria. É a cor que, teoricamente, mais poderia favorecer o aquariano, mas isso não acontece, devendo, como já dissemos, ser usada com parcimônia.

O cinza já é uma cor mais favorável. Ele é formado pela combinação do branco e do negro, os dois extremos da escala cromática, a afirmativa e a negativa absolutas. O primeiro simboliza a Verdade, e o segundo o Nada. Enquanto o branco é a Sabedoria Divina, o negro é a Paixão mortal, podendo um ser considerado como a manifestação de Deus e o outro a representação do seu oposto, o diabo, ou seja, o Bem e o Mal, a Luz e a Treva.

Também o cinza não deve ser usado numa vestimenta inteira, sem ser quebrado com algum detalhe em outra cor. Seu uso prolongado ou exagerado pode determinar grande instabilidade nervosa, principalmente nas pessoas que possuem uma vontade mais débil ou um sistema nervoso delicado. É uma cor que conduz à passividade e à submissão e muitas ordens monásticas, para tornarem aparente sua ignorância, afirmarem sua submissão às ordens de Deus e darem testemunho de sua humildade, usam o cinza em seus hábitos. É, portanto, cor imprópria para quem não tem inclinações monásticas e que prefere viver de modo positivo, lutando, competindo, vencendo e sendo útil a si mesmo e aos seus semelhantes.

Os aquarianos nascidos entre 21 e 29 de janeiro e entre 9 e 19 de fevereiro poderão usar, sempre com cautela, o cinza e o negro, devendo ainda tomar a precaução de usar, também, um detalhe qualquer em outro tom. Estes nativos também poderão utilizar cores mescladas. Esta mescla já é muito mais benéfica, não só para eles como também para os aquarianos nascidos no segundo decanato de Aguadeiro, entre 30 de janeiro e 8 de fevereiro. Os tons não devem ser muito violentos mas podem ser alegres e sua composição tanto pode ser em listras como em quadrados, flores, borrões, etc., devendo ter, no conjunto, um elemento cinza ou negro.

Os nativos do segundo decanato do Aguadeiro, que vai de 30 de janeiro a 8 de fevereiro e que recebe a influência participante de Vênus, ainda poderão utilizar, com benéficos efeitos, o azul-esverdeado, o verde e o rosa. O azul-esverdeado e o verde são tons compostos pelo azul e pelo amarelo. Misticamente, o primeiro representa o Espírito e traz muita paz interior a quem o usa. O segundo representa o Amor Divino, aumenta a potência intelectual de quem o usa e, sendo a cor do Sol, traz alegria, entusiasmo e vitalidade. Os dois, mesclados, produzem todas as gamas do verde, desde aquelas em que predomina o tom azulado até o cinábrio claro. O rosa é também cor muito benéfica, resultando da mistura do branco e do vermelho, com grande prevalência do primeiro. É um tom sedativo e as crianças nascidas em Aquário serão mais calmas, afáveis e alegres se as paredes de seu quarto forem pintadas em rosa delicado e se usarem, sempre que possível, roupas nesse mesmo tom.

Também favorecem a Aquário, e naturalmente aos aquarianos, todos os tons sombrios, seja verde-petróleo, azul-marinho, cinza-azulado ou cinza-esverdeado, etc.

A magia das pedras e dos metais

As pedras preciosas mais favoráveis a Urano e a Aquário, e naturalmente a todos os aquarianos, são a safira, a ametista, a opala e a esmeralda, além dos cristais.

A ametista é uma variedade de quartzo, parecido com o cristal, seu tom que varia entre o lilás-claro e o violeta profundo, segundo a tradição, não só traz alegria e fortuna como também impede que a bebida obscureça os sentidos de quem a usa. O âmbar, que não deve ser confundido com a substância resinosa e aromática do mesmo nome, é uma resina fóssil, extremamente dura, cujas cores variam entre o amarelo e o vermelho-azulado. A opala é uma variedade de silício hidratado, de cores variadas e é dito que proporciona confiança e coragem. A safira é uma variedade de coríndon, devendo preferir-se a cor azul, pois a safira branca não é tão propícia aos aquarianos. A esmeralda é uma das mais belas pedras preciosas e beneficia extraordinariamente todos os nativos de Aquário, principalmente os que têm sua data natal entre 9 e 19 de fevereiro, pois ela também pertence ao planeta Mercúrio.

Os metais correspondentes a Urano e a Aquário são o chumbo, o urânio e todos os metais radioativos. Como nenhum deles pode ser utilizado para a confecção de um adorno de uso pessoal ou de um objeto para a decoração do lar ou do local de trabalho, os aquarianos podem usar ouro, prata ou qualquer outro metal, desde que com eles usem uma pedra preciosa que possa servir como talismã. Os aquarianos nascidos entre 30 de janeiro e 8 de fevereiro ainda poderão usar o cobre, que é o metal de Vênus e pode trazer-lhes vibrações muito propícias, servindo não só para adornos de uso pessoal como para decoração do lar ou do escritório.

A mística das plantas e dos perfumes

As plantas favoráveis a Aquário e Urano não se prestam muito para o arranjo de um vaso ou para serem plantadas no quintal ou no jardim. Em virtude da estreita afinidade de Saturno e Mercúrio com este signo, devem então ser usadas, pelos aquarianos, as plantas destes dois planetas: o lírio, a verbena, a primavera, o musgo, o junco, a cana, a madressilva, o loureiro e o jasmim. A verbena possui delicadíssima e benéfica vibração, devendo ser usada para perfumar as roupas de cama e de uso pessoal, principalmente das crianças deste signo. Não é aconselhável que se comprem saches já preparados, sendo preferível pôr a verbena a secar e preparar os sachês em casa mesmo, a fim de evitar que junto venha mesclada alguma planta que não seja propícia.

Os perfumes fabricados atualmente podem ser utilizados por qualquer tipo astrológico, sem resultados positivos ou negativos, pois raramente são elaborados com essências puras, devendo-se seu preparo a elementos químicos. Para melhor atrair as vibrações favoráveis do seu signo e do seu regente, os aquarianos devem usar perfumes feitos com a pura essência das flores pertencentes a Mercúrio e Saturno, ou então com a essência do nardo, que também corresponde ao Aguadeiro.

Devem ainda, sem finalidade mística, defumar o ambiente com pétalas secas das flores propícias, podendo com elas misturar incenso ou mirra, que são resinas pertencentes a vários planetas e signos, entre eles o Aguadeiro. Como foi dito, essa defumação não deve ter intenção religiosa mas servirá para captar vibrações cósmicas favoráveis, que atrairão alegria, paz e fortuna.

URANO E OS SETE DIAS DA SEMANA

Segunda-Feira

A Lua, regente de Câncer, é quem rege a segunda-feira. Câncer é um signo de água e este dia, portanto, pertence ao móvel e psíquico elemento que é o responsável pelas fantasias, sonhos e crendices e que favorece as aparições e as comunicações com os nossos ancestrais. Sendo Câncer um signo passivo, e a Lua um elemento também de energia passiva, ou feminina, a segunda-feira é um dia onde todos sentem sua vitalidade diminuída; como diz o povo, é "dia de preguiça".

Acontece que este dia rege coisas importantes que nada têm de preguiçosas, relacionando-se com a alimentação e a diversão do povo. Circos, parques de diversões, teatros, cinemas, feiras, mercados, portos de mar, alfândegas, entrepostos de pesca, etc., são locais que estão sob a vibração lunar. Como Urano se hostiliza com a Lua, os aquarianos, neste dia, deverão tratar apenas dos assuntos com ela relacionados, deixando para momento melhor as atividades ligadas ao seu planeta regente e ao seu signo.

Terça-Feira

A terça-feira está sob a vibração do agressivo e dinâmico planeta Marte. Como o turbulento deus da guerra não vive em termos harmônicos com Urano, os aquarianos devem neste dia evitar as atividades próprias de seu signo e planeta e tratar somente, e sempre com cautela, dos assuntos regidos por Marte. Neste dia as vibrações são sempre violentas e é necessário tomar muito cuidado com todas as palavras e ações.

A terça-feira é favorável para consultar médicos, cirurgiões, dentistas, oftalmologistas, etc., pois Marte, além do seu grande poder vital, também age beneficamente sobre todas as coisas ligadas à saúde e ao corpo físico. É, também, dia propício para toda a sorte de operações ou intervenções cirúrgicas, assim como para o início de qualquer tratamento de saúde.

Marte rege a indústria, o ferro, o fogo, a mecânica, os ruídos, a violência, a dor, o sangue e a morte. Este dia é bom para tratar de assuntos ligados aos hospitais, às prisões, às fábricas, aos matadouros, aos campos de esporte, às ferrovias, e também aos quartéis e tribunais, pois Marte influencia os militares, os homens de governo, os juízes e os grandes chefes de empresa.

Quarta-Feira

A quarta-feira está sob o domínio de Mercúrio e sua oitava superior, Urano. Para os aquarianos é o dia mais propício da semana, sendo benéfico para o início de qualquer atividade importante ou para a realização de negócios de vulto. Sendo um dia de intensa vibração e devido a que as irradiações mercurianas e uranianas atingem especialmente o cérebro e o sistema nervoso, deve ser evitada qualquer irritação violenta e deve ser combatida qualquer crise depressiva.

Mercúrio rege todas as coisas relacionadas com o movimento, sendo o dia de hoje benéfico para programar ou iniciar viagens terrestres, marítimas e também aéreas, estando estas últimas sob o domínio de Urano. Todos os assuntos comerciais e intelectuais, desde a importação ou exportação até as atividades dos camelôs, desde as obras filosóficas até a composição das revistas em quadrinhos, também têm a quarta-feira como dia propício.

O planeta Mercúrio também governa todos os documentos, cartas e papéis importantes, favorecendo a assinatura de contratos e obrigações. Também rege tudo quanto se relaciona com livros, publicações e publicidade, desde o escritor que cria o romance até o linotipista que o compõe e desde o contato que consegue o anúncio de um cliente até o artista que prepara um *table-top* ou faz a arte final de um cartaz. Domina, ainda, sobre teatro, circo, cinema, rádio e televisão, favorecendo os atores, autores, locutores, equilibristas, trapezistas, etc.

Urano, por sua vez, rege a eletricidade, o movimento mecânico, os explosivos, o rádio, a televisão e o cinema em sua parte técnica, a astronáutica, a aeronáutica e todas as atividades intelectuais, desde a filosofia até o romance e desde a astrofísica até as pesquisas químicas. Sua vibração é violenta, devendo neste dia ser evitado qualquer descuido com fogo, aparelhos mecânicos ou elétricos e explosivos. Todas as crises depressivas, tanto dos aquarianos como de qualquer outro tipo astrológico, devem ser energicamente combatidas quando acontecem neste dia, pois elas poderão provocar conseqüências maiores que irão desde a neurastenia até a autodestruição.

Quinta-Feira

Júpiter, o benevolente deus dos deuses, é quem domina sobre as quintas-feiras, favorecendo tudo quanto diz respeito às relações humanas, desde que nelas não entre nenhum sentido comercial.

Ele protege os noivados, namoros, festas, casamentos, reuniões sociais, comícios políticos, conferências, concertos, etc. Também sob sua regência estão todas as coisas relacionadas com o Poder e o Direito. Pode-se, pois, nas quintas-feiras, tratar de assuntos ligados a juízes e tribunais ou que tenham de depender do governo, do clero ou das forças armadas. Também sob as irradiações de Júpiter estão os professores, os filósofos, os sociólogos, os cientistas, os economistas, os políticos e os grandes chefes de empresa.

Júpiter se harmoniza bem com Vênus, sendo o dia de hoje favorável somente aos aquarianos nascidos entre 9 e 19 de fevereiro. Para os demais nativos do Aguadeiro a quinta-feira não é muito favorável, especialmente para os que têm sua data natal nos primeiros dez dias deste signo, isto é, entre 21 e 29 de janeiro; este decanato tem a regência pura de Urano, que é absolutamente hostil a Júpiter. As vibrações de Júpiter não se harmonizam bem com os raios mercurianos e assim os nativos dos últimos dez dias de Aquário, embora não tenham na quinta-feira um dia muito hostil, nele não deverão realizar nada de grande importância.

Sexta-Feira

A regência das sextas-feiras está dividida entre Vênus e Netuno. Embora Vênus governe um dos decanatos de Aquário, ela é bastante hostil a Urano. Netuno também não se harmoniza com ele, devendo os aquarianos agir com prudência neste dia, principalmente nos assuntos favorecidos pelas vibrações netunianas.

Vênus rege a beleza e a conservação do corpo. A sexta-feira é favorável para a compra de roupas e objetos de adorno, para cuidar dos cabelos ou tratar de qualquer detalhe relacionado com a beleza e a elegância, masculina ou feminina. É dia propício às festas, reuniões sociais, ou encontros com amigos. Protege, também, os namoros, noivados, as artes e as atividades artísticas. Os presentes dados ou recebidos neste dia são motivo de muita alegria, sejam eles flores, bombons, objetos de adorno ou de decoração, ou livros, roupas, etc.

Netuno é o regente de Peixes, que no horóscopo fixo, intelectual, representa a Casa dos inimigos ocultos, das traições, das prisões e exílios e dos mistérios ocultos. Com exceção dos aquarianos já apontados, isto é, os nascidos entre 9 e 19 de fevereiro, pertencentes ao decanato governado por Vênus, os aquarianos deverão evitar todos os atos irrefletidos porque eles poderão trazer graves conseqüências para sua reputação e, principalmente, para sua fortuna. Para captar as boas vibrações netunianas é bom agir com generosidade e bondade pois Netuno rege a pobreza, a miséria e a doença, regendo, portanto, a caridade, a filantropia e as obras sociais, públicas ou particulares.

Os aquarianos nascidos entre 30 de janeiro e 8 de fevereiro, decanato que tem a regência participante de Mercúrio, podem ser muito favorecidos pelas vibrações venusianas mas, como Netuno é hostil a Mercúrio, a quarta-feira, para eles, também não é dia muito propício.

Sábado

O frio e constritor Saturno, filho do Céu e da Terra, que não se harmoniza com nenhum planeta, abre exceção para Urano e Mercúrio, sendo, portanto, o sábado um dia benéfico para todos os aquarianos, com exceção dos que têm sua data natal entre 9 e 19 de fevereiro, período que está sob a influência participante de Vênus, que é hostil a Saturno.

A vibração saturnina beneficia os lugares sombrios ou fechados, tais como cemitérios, minas, poços, escavações e laboratórios ou os locais de punição, sofrimento, recolhimento ou confinação, como cárceres, hospitais, claustros, conventos, hospitais de isolamento, etc. A lepra, as feridas e chagas, a eczema, a sarna e todos os males da pele lhe pertencem e o sábado é bom dia para iniciar ou providenciar seu tratamento.

Este planeta também rege a Arquitetura severa e a construção de edifícios para fins religiosos, punitivos ou de tratamento, como igrejas, conventos, claustros, tribunais, orfanatos, penitenciárias, asilos, casas de saúde, etc. A ele também estão ligados os estudos profundos, como a Matemática, a Astronomia, a Filosofia e também as Ciências Herméticas. Como filho do Céu e da Terra, ele é, ainda, o regente dos bens materiais ligados à terra: casas, terrenos, propriedades na cidade ou no campo; é ainda o sábado favorável para a compra e venda dos mesmos.

Domingo

O Sol, que é o senhor do domingo, é o planeta da luz, do riso, da fortuna, da beleza e do prazer e está sob sua influência tudo aquilo que é original, belo, festivo, extravagante, confortável e opulento.

No domingo pode-se pedir favores a pessoas altamente colocadas, solicitar empréstimos ou tratar de qualquer problema financeiro. Pode-se, com êxito, pedir proteção ou emprego a altos elementos da política, do clero ou das finanças. É dia que inclina à bondade, à generosidade e à fraternidade, sendo, portanto, benéfico para visitas, festas, reuniões sociais, conferências, noivados, namoros e casamentos; favorece, ainda, a Arte e todas as atividades a ela ligadas, assim como as jóias e pedras preciosas, e as antigüidades de alto valor, dominando sobre a compra e a venda e a realização de exposições, amostras, concertos, etc.

O domingo não favorece os aquarianos, pois o Sol é bastante hostil a Urano. Os nativos dos primeiros dez dias de Aquário devem neste dia somente cuidar das atividades que estão sob a vibração solar, deixando os assuntos do seu signo e do seu planeta para data mais propícia. Já os nativos dos demais dias do Aguadeiro, embora não possam considerar o domingo como um dia dos mais benéficos, são menos hostilizados pelas vibrações solares.

MITOLOGIA

Aquário

Segundo alguns autores, a figura mitológica associada à constelação de Aquário é a do belo Ganimedes, filho de Tros, rei da Dardânia, mais tarde chamada Tróia; segundo outros poetas, a figura do Aguadeiro é a de Aristeu, o filho de Apolo, o Sol.

Entre seus muitos amores, Apolo sentiu especial paixão pela ninfa Cirene, que lhe deu um filho, Aristeu. O menino cresceu muito belo, percorrendo os campos e as florestas e logo se tornou um caçador emérito. As Musas, as belas filhas de Júpiter, reconhecendo a alta inteligência do menino, procuraram educá-lo e o instruíram nas artes da medicina e da adivinhação. Apesar de sua origem divina, Aristeu apreciava o convívio dos homens e ensinou-lhes muitas coisas, inclusive a cura das doenças dos rebanhos, a arte de domesticar e criar as abelhas e o segredo de fazer coalhar o leite, dele tirando o queijo e a manteiga.

Tornando-se adulto, belo e forte, Aristeu casou-se com uma princesa tebana que lhe deu um filho, que foi chamado Acteão. Denunciando o sangue divino que recebera por intermédio do pai, Acteão também se tornou um audaz caçador e um belo jovem. Certa vez, porém, para grande infelicidade sua, quando vagava pelos bosques, perseguindo uma corça, deparou com Diana que se banhava numa lagoa. Ver uma deusa assim, nua, era um sacrilégio e Acteão foi castigado; a rigorosa Diana, a Lua, fez com que seus próprios cães o atacassem e o devorassem. Aristeu ficou inconsolável ao saber da morte do filho. Saiu da Grécia e foi para a Sardenha, onde viveu algum tempo. De lá se dirigiu para a Trácia onde Baco, procurando consolá-lo, iniciou-o nos mistérios sagrados das orgias, que eram celebradas nos bosques e nas montanhas. Aristeu passou então a viver por ali, junto ao monte Hemo, até que um dia desapareceu misteriosamente, correndo então a notícia de que fora levado aos céus e colocado na constelação de Aquário.

A lenda de Ganimedes parece ter sido originada por um fato verídico: o rei Tros, realmente, enviou à Lídia seu filho Ganimedes, a fim de oferecer um sacrifício a Júpiter. O jovem, que era de extraordinária beleza, foi raptado e retido por Tântalo, então rei da Lídia. O rapto deu causa a uma sangrenta guerra, que terminou com a derrota de Tróia. Daí parece ter se originado a crença segundo a qual Ganimedes foi raptado pelo próprio Júpiter que, transtornado de paixão, levou-o para o Olimpo e lhe deu o privilégio de servir o néctar aos deuses.

Quem primeiramente servia a ambrosia nos banquetes divinos era Hebe, filha de Juno. Júpiter, depois de devorar Métis, a deusa da prudência, concebera Minerva, gerando-a em sua própria cabeça. Juno, enciumada com a façanha do marido, também desejara ardentemente ter uma criança, assim, sozinha, sem o concurso de qualquer elemento do sexo masculino. Certa vez, tendo comparecido a um banquete dado por Apolo e tendo comido grande quantidade de certa alface selvagem, sentira-se grávida e pouco depois dera à luz a Hebe. Júpiter, ficou cativado pela graça e pela beleza da menina. Quando ela cresceu, tomou-a sob sua proteção, dando-lhe a honrosa função de servir o néctar aos deuses. Durante um festim, para infelicidade sua, Hebe escorregou e caiu ao chão, de modo pouco decente. Júpiter, escandalizado, destituiu-a de suas funções, colocando Ganimedes em seu lugar, quando este veio, aprisionado, para o Olimpo.

Cabe a Ganimedes apenas a honra de personificar a constelação de Aquário, enquanto Hebe, apesar de não ter dado seu nome a nenhum grupo de estrelas, foi amplamente ressarcida da humilhação que sofreu ao ser destituída de suas funções. Juno tomou-a sob sua proteção e encarregou-a de atrelar e desatrelar os cavalos do seu carro. Mais tarde Hércules apaixonou-se por ela; casaram-se e Hebe foi mãe de duas crianças, Alexiara e Aniceto. Na antiga Grécia ela era muito reverenciada e em suas estátuas era representada como uma formosa jovem, segurando uma taça. Vários templos foram erigidos em sua honra e neles os criminosos tinham o direito de asilo.

Urano

Primeiramente existia apenas o Caos. Sozinho ele gerou um filho, o Érebo, que é considerado como o próprio Inferno. Também sozinho gerou uma filha, a Noite, que concebeu, por si só, dois filhos: Tánatos, a Morte, e Hipnos, o Sono. Depois, unindo-se a Érebo, a Noite então gerou o Dia e o Éter; estava, assim, pronto o cenário para o início da belicosa e movimentada população divina do Olimpo, que se originou com Urano, o Céu, e Titéia, a Terra, gêmeos nascidos do casamento do Éter e do Dia.

Segundo alguns poetas, a Terra, com o nome grego de Gaia ou Gea, nasceu imediatamente após o Caos, não sendo, portanto, irmã de Urano mas, sim, sua bisavó. Casou-se com ele e foi considerada a Mãe Universal; de sua união com Urano nasceram todos os deuses, todos os gigantes, e todos os bens, males, vícios e virtudes. De seu casamento com o Tártaro nasceram todos os monstros e todos os elementos.

De acordo com outros autores e seguindo as tradições mais conhecidas, quem casou mesmo com Urano foi sua irmã gêmea, Titéia, também considerada como a Terra e conhecida sob os nomes de Ops, Telus, Vesta e, às vezes, Cibele. O primeiro filho nascido dessa união foi Titã, nome que significa *filho da Terra*. Titã foi o fundador de uma raça gigantesca, mas outros titãs também foram gerados por Titéia; seus nomes eram Jápeto, Brontes, Estérope, Argeu, Coto, Briareu e Giges. Mais seis filhas e dois filhos ainda nasceram desse casamento, que foram Tia, Réia ou Cibele, Têmis, Mnemósine, Febe, Tétis, Saturno e Oceano.

Urano tomou aversão a todos os seus filhos, encerrando-os num abismo logo depois que nasciam. Saturno, que depois demonstrou ser tão cruel quanto o pai, resolveu destroná-lo e ocupar seu lugar. Conseguiu aprisioná-lo, mutilou-o cruelmente e expulsou-o do Olimpo, fazendo-o morrer de dor e humilhação.

Os ventos são filhos de Urano e Titéia. Sua morada é nas ilhas Eólides e o violento Éolo é o seu rei. Dia e noite, roncando, rugindo e vociferando ameaças, os Ventos estão aprisionados em suas cavernas, contidos por Éolo. Se este não os aprisionasse com mão forte eles escapariam e, com sua fúria, soprariam as montanhas pelos ares, arrojariam as águas para fora da Terra e poriam os corpos celestes a girar doidamente através do infinito.

Também são filhos de Urano o Oceano e sua irmã gêmea, Tétis; estes se casaram e dessa união nasceram três mil ninfas, chamadas Oceânides. Nasceram, também, Nereu e Dóris, que geraram as Nereidas e o Rio Aquelôo, que amando a Musa Calíope tornou-a mãe das Sereias. Ainda do casamento de Tétis e do Oceano nasceram todas as fontes e rios e também Etra, que depois foi mãe de Atlas, o gigante mais forte de todos os mundos, que mantém o globo terrestre suspenso em suas costas, como castigo imposto por Júpiter. Segundo outros autores, Atlas era filho do titã Jápeto e da Oceânide Clímene, portanto neto de Urano.

Urano também parece ter sido o pai dos Ciclopes, bondosas e gigantescas criaturas que tinham apenas um olho no centro da testa. Primitivamente, eles viviam do leite e da carne de seus rebanhos e dos frutos selvagens que colhiam nas florestas. Depois, a convite de Júpiter, foram habitar nas profundezas do monte Etna, onde trabalhavam nas forjas.

Quando Urano sofreu a mutilação efetuada por Saturno, seu sangue caiu sobre a terra. Pingando sobre as alvas espumas do mar, fertilizou-as, delas fazendo nascer a mais bela de todas as deusas, Vênus. A formosa deusa do amor e do prazer foi concebida dentro de uma concha de madrepérola, junto à ilha de Chipre. Ao abrir-se a concha ela foi carinhosamente recolhida por Zéfiro, o mais benéfico de todos os Ventos, que a entregou às Horas, filhas de Júpiter, que a criaram e educaram.

De acordo com alguns autores, as Fúrias ou Erínias são filhas de Saturno, nascidas de seu sangue quando ele foi torturado por Júpiter. Segundo outros, elas também são filhas de Urano, geradas de seu sangue embebido na terra. As Fúrias são divindades infernais, que fazem os culpados sofrerem as sentenças determinadas pelos juízes.

ASTRONOMIA

A constelação de Aquário

Aquário é uma constelação de forma irregular e como suas estrelas não têm grande brilho aparente, não é fácil encontrá-la no céu. Sua alfa e mais suas outras quatro estrelas principais levam os nomes bem árabes de Sadalmelik, Sadalsuud, Sadchbia, Skat e Ancha.

Aquário está mitologicamente associado à figura do Aguadeiro e o compacto grupo de suas estrelas forma vagamente um Y que é considerado como a *jarra* do Aguadeiro. A constelação zodiacal de Peixes vem logo após Aquário, mas, em vez de olhar para este seu companheiro do zodíaco, o Aguadeiro está voltado para uma constelação que fica bem ao sul da eclíptica e é também dedicada aos peixes, chamando-se Peixes Austral. Nos desenhos antigos, Aquário era representado como um belo jovem, despejando água de sua jarra na boca desse peixe do sul, ou melhor, de sua alfa, Fomalaut, uma estrela de invulgar beleza.

Existem quatro estrelas que se destacam por seu brilho, magnitude e importância e que são chamadas "Estrelas Reais", do zodíaco. Elas são Regulus, alfa de Leão, Aldebarã, alfa de Touro, Antares, a bela estrela principal de Escorpião e justamente Fomalaut, que não está dentro da faixa zodiacal, não faz parte de nenhuma constelação ligada aos signos astrológicos, mas foi incluída em virtude dos antigos desenhos que a associavam a Aquário.

Urano

Mercúrio, Vênus, Terra e Marte são chamados planetas terrestres porque possuem densidade elevada e sua massa e tamanho é quase um só, isto é, quase igual à da Terra. Logo após Marte, existe uma misteriosa zona de ninguém, povoada por asteróides, servindo de fronteira para os domínios dos chamados planetas gigantes, que são Júpiter, Saturno, Urano, Netuno e Plutão. Este último nada tem de gigante, comparado aos seus irmãos; tem quase o mesmo tamanho da Terra, enquanto Júpiter, o maior deles, é 1300 vezes maior que o nosso planeta. Devido à sua pequenez supõe-se que Plutão tenha sido, anteriormente, um satélite de Netuno, que tenha conseguido escapar de sua atração, passando a girar livremente.

Urano também não é muito grande e calcula-se que sua massa seja cerca de quinze vezes maior do que a da Terra. A gravidade de sua superfície é quase igual à nossa e ele reflete a luz de um modo só ultrapassado por Vênus, o que indica que é envolto por nuvens de alto poder de reflexão. Visto através de um telescópio, mostra-se como um disco de bela cor azul-esverdeada, às vezes marcado, em seu centro, por um luminoso ponto branco e mostrando zonas escuras em suas bordas.

Sua temperatura é de cerca de 200^0 abaixo de zero, o que não parece exagero se considerarmos que ele está a 1 783 700 000 milhas de distância do Sol, que é nossa fonte natural de calor. Na verdade, essa temperatura até nos parece elevada quando lembramos que Mercúrio, que está a apenas 36 000 000 milhas do Sol, apresenta em sua face escura, que está sempre mergulhada na sombra e voltada para o universo silencioso, uma temperatura ainda mais baixa, de 253^0 abaixo de zero.

Supõe-se que os planetas gigantes possuam constituintes atmosféricos tais como nitrogênio, hélio, néon e árgon, assim como amônia e metano. Estes dois últimos são facilmente detectados mas os quatro primeiros escapam às observações dos astrofísicos, que devem ter trabalhos insanos para localizá-los em seus espectros e comprová-los em seus testes de laboratório. Assim, depois de fatigantes esforços, conseguiram eles provar a existência de hidrogênio e hélio e calcular uma atmosfera de mais ou menos dezoito quilômetros de espessura para Urano e Netuno.

Durante muitos e muitos anos Urano foi observado pelos astrônomos, mas sempre foi confundido com os bilhões de astros da Via Láctea e considerado como uma estrela qualquer. No dia 13 de março de 1781, Sir William Herschel focalizou-o em seu telescópio e tomou-o por um cometa. Todavia, no dia 6 de abril ele notou que o "cometa" não tinha cauda ou radiações. Continuou suas observações, então acompanhado por dezenas de astrônomos, curiosos, e quatro meses mais tarde um desses astrônomos, A. J. Lexell, proclamou que a nova estrela era um satélite do nosso sistema solar, caminhando numa órbita dezenove vezes superior à distância que separa a Terra do Sol.

Imediatamente, e com justiça, Herschel reclamou a si o direito da descoberta do novo habitante do nosso sistema planetário e batizou-o com o nome de Georgius Sidus, em honra ao Rei George III, seu real patrono. Com o nome de "o Georgiano", o novo planeta foi mencionado no British Nautical Almanach, de 1850. Este nome, porém, não se popularizou fora da Inglaterra, o mesmo acontecendo com o nome de Herschel, que J. J. Lalande propôs fosse dado ao planeta, em homenagem ao seu descobridor. Afinal ele se tornou conhecido no mundo inteiro pela denominação proposta por J. E. Bode, que sugeriu que ele fosse chamado Urano.

Em janeiro de 1787, Herschel descobriu que Urano tinha dois satélites, que foram batizados como Titânia e Oberon. Em 1851 e 1852, seu assistente A. Marth observou e assinalou a existência de mais duas luas uranianas, que receberam os nomes de ArieI e Umbriel; estas duas luas, misteriosamente, escaparam às investigações e só foram vistas por outros astrônomos cerca de vinte anos mais tarde. Em 1948, no dia 16 de fevereiro, o astrônomo Kuiper, observando uma fotografia tomada no observatório Mac-Donald, em Monte Locke, no Texas, assinalou a existência de mais um satélite de Urano, o quinto, que foi chamado Miranda. Todas as cinco luas uranianas têm um movimento retrógrado, isto é, giram em direção oposta à do planeta.

ALGUNS AQUARIANOS FAMOSOS

Daiane dos Santos — 10 de fevereiro de 1983
Paris Hilton — 17 de fevereiro de 1981
Luísa Parente — 1º de fevereiro de 1973
Lars Grael — 9 de fevereiro de 1964
Galileu Galilei — 15 de fevereiro de 1564
Mozart — 27 de janeiro de 1756
Beaumarchais, dramaturgo — 24 de janeiro de 1732
Boccherini, compositor — 19 de fevereiro de 1743
Padre Antônio Vieira — 6 de fevereiro de 1608
John Ruskin, escritor — 18 de fevereiro de 1819
Lord Byron — 22 de janeiro de 1788
Talleyrand — 12 de fevereiro de 1754
Stendhal — 23 de janeiro de 1783
Franz Schubert — 31 de janeiro de 1797
Hideki Yukawa, cientista, prêmio Nobel de Física — 23 de janeiro de 1907
Thomas Edison, cientista — 11 de fevereiro de 1847
Alfred Adler, psicólogo — 7 de fevereiro de 1870
Júlio Verne — 8 de fevereiro de 1828

Abraham Lincoln — 12 de fevereiro de 1809
Franklin Delano Roosevelt — 30 de janeiro de 1882
Charles Dickens — 7 de fevereiro de 1812
Zane Grey, escritor — 31 de janeiro de 1875
Emil Ludwig — 25 de janeiro de 1881
General Douglas Mac Arthur — 26 de janeiro de 1880
Ana Pavlova — 31 de janeiro de 1881
John Barrymore, ator — 15 de fevereiro de 1882